U0637106

全过程人民民主的
宪法表达

范进学 著

中国民主法制出版社

图书在版编目（CIP）数据

全过程人民民主的宪法表达/范进学著 . —北京：
中国民主法制出版社，2024.1
ISBN 978 - 7 - 5162 - 3464 - 8

Ⅰ.①全⋯　Ⅱ.①范⋯　Ⅲ.①社会主义民主 – 研究 –
中国②宪法 – 研究 – 中国　Ⅳ.①D616②D921.04

中国国家版本馆 CIP 数据核字（2024）第 011049 号

图书出品人：刘海涛
出 版 统 筹：贾兵伟
图 书 策 划：张　涛
责 任 编 辑：周冠宇

书名/ 全过程人民民主的宪法表达
作者/ 范进学　著

出版·发行/ 中国民主法制出版社
地址/ 北京市丰台区右安门外玉林里 7 号（100069）
电话/（010）63055259（总编室）　　83910658　63056573（人大系统发行）
传真/（010）63055259
http：//www. npcpub. com
E-mail： mzfz@ npcpub. com
经销/ 新华书店
开本/ 16 开　710 毫米 × 1000 毫米
印张/ 8　**字数/** 137 千字
版本/ 2024 年 1 月第 1 版　2024 年 1 月第 1 次印刷
印刷/ 三河市宏图印务有限公司

书号/ ISBN 978 - 7 - 5162 - 3464 - 8
定价/ 36. 00 元

目　　录

导　论

　　"全过程人民民主"重大政治理念是 2019 年 11 月 2 日习近平在上海市长宁区虹桥街道古北市民中心考察时首次提出来的，他指出："我们走的是一条中国特色社会主义政治发展道路，人民民主是一种全过程的民主，所有重大立法决策都是依照程序、经过民主酝酿，通过科学决策、民主决定产生的。"① 2021 年 3 月，十三届全国人大四次会议修正《全国人民代表大会组织法》，其中第 4 条第 2 款第一次以法律的形式将"坚持全过程民主"作为全国人大及其常委会开展工作的指导原则写入法律之中。2021 年 7 月 1 日，在庆祝中国共产党成立一百周年大会上的讲话中，习近平重申："我们必须紧紧依靠人民创造历史，坚持全心全意为人民服务的根本宗旨，站稳人民立场，贯彻党的群众路线，尊重人民首创精神，践行以人民为中心的发展思想，发展全过程人民民主。"② 2021 年 10 月 13 日，习近平在中央人大工作会议上的讲话中，总结了新时代十年来民主政治发展规律，并深刻指出："党的十八大以来，我们深化对民主政治发展规律的认识，提出了全过程人民民主的重大理念。"③ 至此，"全过程人民民主"作为以习近平同志为核心的党中央深化对中国特色社会主义民主政治发展规律的认识而提出的重大政治理念得以正式确立。

　　2021 年 11 月，党的十九届六中全会将"全过程人民民主"写入《中共中央关于党的百年奋斗重大成就和历史经验的决议》之中，并在《决议》中三次提到了"发展全过程人民民主"的要求。2021 年 12 月，国务院新闻办公室发表的《中国的民主》白皮书，以中国政府的名义，全面概括了全过程人民民主的本质内涵、制度安排、民主实践、权利功能与作用以及对丰富人类政治文明形态的人类贡献。2022 年 3 月，新修正的《中华人民共和国地方各级人民代表大会和地方各级人民政府组织法》第 4 条以宪法性法律文件的

---

　　① 习近平：《人民民主是一种全过程的民主》，载习近平：《论坚持人民当家作主》，中央文献出版社 2021 年版，第 303 页。

　　② 同上书，第 304 页。

　　③ 习近平：《全过程人民民主是最广泛、最真实、最管用的社会主义民主》，载《习近平谈治国理政》第 4 卷，外文出版社 2022 年版，第 260 页。

形式将"全过程人民民主"这一政治理念首次完整地确立下来。2022 年 10 月，党的二十大报告九次提到"全过程人民民主"，从提出"扎实推进全过程人民民主""全面发展全过程人民民主""全过程人民民主制度化、规范化、程序化"的论断，到专章（即第六章）提出"发展全过程人民民主，保障人民当家作主"，党的二十大报告全面阐述了全过程人民民主的理论与实践创新，并明确指出："全过程人民民主是社会主义民主政治的本质属性，是最广泛、最真实、最管用的民主。"① 2022 年 12 月，习近平同志在其重要文章《谱写新时代中国宪法实践新篇章——纪念现行宪法公布施行 40 周年》一文中再次强调要"发展全过程人民民主"。② 2023 年 3 月 13 日，十四届全国人大一次会议新修改的《中华人民共和国立法法》第 6 条第 1 款明确将"坚持和发展全过程人民民主"作为国家立法的指导性原则。③

全过程人民民主重大理念实质上是中国共产党团结带领人民追求民主、发展民主、实现民主的伟大创造，是党不断推进中国民主理论创新、制度创新、实践创新的经验结晶，是对中国共产党领导的中国人民民主在宪法法律制度程序以及广大人民最广泛、最真实、最深入全过程参与当家作主民主实践的高度概括与凝练的产物，是对新中国成立以来人民依照宪法法律规定，通过各种途径和形式，行使管理国家事务、管理经济和文化事业、管理社会事务的全过程民主权利的历史实践与现实生动实践的科学总结。正如《中国的民主》白皮书指出：

"中国共产党的奋斗史，是团结带领人民探索、形成、发展全过程人民民主的奋斗史。全过程人民民主，是近代以来党团结带领人民长期奋斗历史逻辑、理论逻辑、实践逻辑的必然结果，是坚持党的本质属性、践行党的根本宗旨的必然要求。全过程人民民主，充分彰显社会主义国家性质，充分彰显人民主体地位，使人民意志得到更好体现、人民权益得到更好保障、人民创造活力进一步激发。全过程人民民主，形成和发展于党领导人民争取民族独立、人民解放和实现国家富强、人民幸福的不懈奋斗，扎根在广袤的中华大地，吸吮着中华民族漫长奋斗积累的文化养分，学习借鉴人类文明优秀成果，符合中国国情，得到人民衷心拥护，具有深厚现实基础和广阔发展前景。全

---

① 习近平：《高举中国特色社会主义伟大旗帜，为全面建设社会主义现代化国家而团结奋斗——在中国共产党第二十次全国代表大会上的报告》，人民出版社 2022 年版，第 37 页。

② 习近平：《谱写新时代中国宪法实践新篇章——纪念现行宪法公布施行 40 周年》，载《光明日报》2022 年 12 月 20 日，第 1 版。

③ 《全国人民代表大会关于修改〈中华人民共和国立法法〉的决定》（2023 年 3 月 13 日第十四届全国人民代表大会第一次会议通过），载《人民日报》2023 年 3 月 14 日，第 9 版。

过程人民民主，具有完整的制度程序和完整的参与实践，使选举民主和协商民主这两种重要民主形式更好结合起来，构建起覆盖 960 多万平方公里土地、14 亿多人民、56 个民族的民主体系，实现了最广大人民的广泛持续参与。全过程人民民主，既有鲜明的中国特色，也体现全人类共同价值，为丰富和发展人类政治文明贡献了中国智慧、中国方案"。①

"全过程人民民主"作为中国共产党长期执政和治国理政的重大政治理念一经提出，就成为主导我国法政学领域理论研究与创新的重大学术话语、学术范式、学术课题。纵览当下学术界关于全过程人民民主的学术研究，客观而言，政治学界成果居多，而法学界研究成果偏少；宪法学者关于该主题的研究，尚未从宪法权利的角度予以分析。从已公开发表的法学学者的论文看，信春鹰、莫纪宏、封丽霞、胡玉鸿、李忠、李忠夏、刘小妹、宋发才、林彦、刘怡达、章安邦、莫于川、苗连营、张震、朱全宝等学者，基于法理、法治、立法、制度化法律化、价值、民主行政法、宪法性质、宪法逻辑等视角作出了分析与阐释。② 其中直接以宪法为分析视角进行深入研究的学术成果偏少，即使有学者从宪法角度对该主题作出分析，但其研究多偏重于宪法基本原则、宪法实现机制、理念的制度与历史思考、宪法意蕴或宪法向度以及宪法逻辑。当下法学界尤其是宪法学界关于"全过程人民民主"重大课题的学术研究现状，与构建中国宪法学关于全过程人民民主宪法理论与中国宪法学科体系、学术体系、话语体系的要求具有较大探索空间。习近平同志在重要文章《谱

① 中华人民共和国国务院新闻办公室：《中国的民主》（2021 年 12 月），载中华人民共和国国务院新闻办公室网：http://www.scio.gov.cn/zfbps/32832/Document/1717206/1717206.htm，2023 年 6 月 5 日访问。

② 在中国知网上以"全过程人民民主"为关键词进行检索，出现 3697 篇期刊与报纸文章，其中以法学视角研究的成果主要包括：宋才发：《〈宪法〉为全过程人民民主提供法治保障》，载《河北大学学报（哲学社会科学版）》2022 年第 1 期；林彦：《全过程人民民主的法治保障》，载《东方法学》2021 年第 5 期；刘怡达：《论全过程人民民主的宪法基础》，载《比较法研究》2022 年第 2 期；李忠：《论全过程人民民主的制度化法律化》，载《西北大学学报》2022 年第 1 期；莫纪宏：《依法治国与全过程人民民主》，载《中国司法》2021 年第 8 期；莫纪宏：《在法治轨道上有序推进"全过程人民民主"》，载《中国法学》2021 年第 6 期；莫纪宏：《论全过程人民民主的制度保障》，载《暨南学报（哲学社会科学版）》2022 年第 12 期；信春鹰：《人民代表大会制度是实现我国全过程人民民主的重要制度载体》，载《人民日报》2021 年 11 月 15 日，第 10 版；胡玉鸿：《全过程人民民主的法理释读》，载《法律科学》2022 年第 4 期；胡玉鸿：《全过程人民民主的法治向度阐析》，载《法学研究》2022 年第 3 期；胡玉鸿：《全过程人民民主的价值依归》，载《上海政法学院学报》2022 年第 3 期；封丽霞：《"全过程人民民主"的立法之维》，载《法学杂志》2022 年第 6 期；李忠夏：《全过程人民民主的理论逻辑与宪法实现》，载《当代法学》2023 年第 1 期；张震：《全过程人民民主的宪法逻辑》，载《东方法学》2023 年第 4 期。

写新时代中国宪法实践新篇章——纪念现行宪法公布施行 40 周年》中对宪法学研究者提出了明确的要求，即："要结合当代中国宪法制度和宪法实践，加强中国宪法理论研究，提炼标志性概念、原创性观点，加强中国宪法学科体系、学术体系、话语体系建设，巩固中国宪法理论在我国法治教育中的指导地位。要讲好中国宪法故事，有自信、有志气宣传中国宪法制度、宪法理论的显著优势和强大生命力，有骨气、有底气同一切歪曲、抹黑、攻击中国宪法的错误言行作斗争。"① 而"全过程人民民主"正是当代中国宪法关于人民民主制度与民主实践的最好表达，它属于中国宪法理论的标志性概念与原创性观点，这对于加强中国宪法理论研究以及中国宪法学科体系、学术体系、话语体系建设都具有重大的理论意义与现实意义。宪法学者只有系统、完整、准确地基于宪法文本、运用宪法理论，在宪法上对"全过程人民民主"作出合乎宪理的具有说服力的科学阐释，才能真正巩固中国宪法理论在我国法治教育中的指导地位，才能彰显中国宪法制度、宪法理论的显著优势和强大生命力。因此，我认为，全过程人民民主的实质就是实现人民当家作主的宪法权利，全过程人民民主在我国现行宪法文本中具有完整的确认与表达，无论从制度载体还是到公民权利的形式与内容，现行宪法都对此作了完整、系统、全面的规定：首先，"人民民主"的核心是人民当家作主，其制度载体是人民代表大会；其次，"全过程"则体现为公民选举权与协商民主过程的知情权、参与权，民主选举是全过程人民民主的实现形式，协商民主则是全过程人民民主的实质内容；最后，全过程人民民主亦体现为公民的表达权与对国家机关及其公职人员行使的监督权。因此，全过程人民民主在我国现行宪法中既有完整的权利制度体系，也有完整的民主参与权利的程序实施机制。正如习近平在中央人大工作会议上的讲话中所深刻指出，"我国全过程人民民主不仅有完整的制度程序，而且有完整的参与实践"；"我国全过程人民民主实现了过程民主和成果民主、程序民主和实质民主、直接民主和间接民主、人民民主和国家意志相统一，是全链条、全方位、全覆盖的民主，是最广泛、最真实、最管用的社会主义民主"。②

　　基于以上认识，本书将紧紧立足于我国现行宪法文本，以宪法上确立的社会主义制度为载体，以宪法上的公民的基本权利为视角，以文本与历史分

---

① 习近平：《谱写新时代中国宪法实践新篇章——纪念现行宪法公布施行 40 周年》，载《光明日报》2022 年 12 月 20 日，第 1 版。

② 习近平：《全过程人民民主是最广泛、最真实、最管用的社会主义民主》，载《习近平谈治国理政》第 4 卷，外文出版社 2022 年版，第 260—261 页。

析为主要方法，对"全过程人民民主"这一重大政治理念与我们党治国理政的理念与价值依据宪法规定、宪法原则和宪法精神，作出宪法上的文本实证分析与权利诠释，从而使"全过程人民民主"从党的政治理念与价值真正落实到我国宪法制度安排与宪法程序运行机制上。这种基于中国宪法制度、公民基本权利与宪法程序机制的学术研究，使全过程人民民主在我国宪法法律制度中找到了事实依存的制度载体与运行的实践逻辑，从而使人们真切感受到宪法制度与宪法基本权利的实施效力、实施价值与实施意义，进而使人们认识到宪法实施的魅力与宪法制度的威力，最大程度地增强全体社会共同体成员因宪法实施所带来的权利保障感、获得感、幸福感、安全感，"使广大人民群众真正认识到宪法不仅是全体公民必须遵循的行为规范、而且是保障公民权利的法律武器，使宪法真正走入日常生活、走入人民群众"。[①]

[①]　习近平：《关于我国宪法和推进全面依法治国》，载习近平：《论坚持全面依法治国》，中央文献出版社 2020 年版，第 218—219 页。

第一章　人民当家作主：全过程人民民主的核心

从语词结构与逻辑表达分析，"全过程人民民主"这一命题的核心在于"人民民主"；"全过程"强调的是人民民主的时空性，即从民主选举到民主协商，从民主决策到民主管理，从民主管理到民主监督，全体人民全链条、全方位、全覆盖地依宪依法行使各项民主权利，从而真正实现过程民主和结果民主、程序民主和实质民主、直接民主和间接民主、人民民主和国家意志的高度统一。我国之所以实行人民民主原则，是由宪法确立的我国国家性质即国体所决定。现行宪法第1条第1款确立了我国的国体是"工人阶级领导的、以工农联盟为基础的人民民主专政的社会主义国家"。宪法序言第6自然段中明确指出，"工人阶级领导的、以工农联盟为基础的人民民主专政，实质上即无产阶级专政"。显然，我国宪法确立的是"社会主义国家"是"人民民主专政"的社会主义国家，这一国体即国家的阶级性质表明了各阶级在国家中的地位。所谓"人民民主专政"是指在最广大的人民内部实行民主，只对极少数人实行专政。① 人民民主专政的国家性质决定，在我国，人民，只有人民，才是国家和社会的主人。归结一句话就是，在我国，人民当家作主。宪法关于公民的基本权利和义务的规定，是宪法《总纲》关于人民民主专政的国家制度和社会主义的社会制度的原则规定的延伸。② 因为，没有"人民民

---

① 彭真同志1982年11月26日在第五届全国人大第五次会议上作《关于中华人民共和国宪法修改草案的报告》中指出："人民民主专政，除了在人民内部实行民主的一面，还有全体人民对于人民的敌人实行专政的一面。在剥削制度和剥削阶级消灭以后，专政的对象已经不是完整的反动阶级，人数也大为减少。但是，由于国内的因素和国际的影响，阶级斗争还将在一定范围内长期存在，并且在某种条件下还有可能激化。我国人民对于敌视和破坏我社会主义制度的国内外敌对势力和敌对分子，还必须进行斗争。因此，国家的专政职能还不能取消。依照宪法和法律，镇压叛国和其他反革命的活动，打击经济领域和其他领域的蓄意破坏和推翻社会主义制度的严重犯罪分子，都属于国家的专政职能。坚持这种专政职能，是顺利进行社会主义现代化建设的保障，也是保卫和发展社会主义民主所必需的"（参见全国人大常委会法制工作委员会宪法室编：《中华人民共和国制宪修宪重要文献资料选编》，中国民主法制出版社2021年版，第100页）。

② 彭真同志1982年11月26日在第五届全国人大第五次会议上作《关于中华人民共和国宪法修改草案的报告》，载全国人大常委会法制工作委员会宪法室编：《中华人民共和国制宪修宪重要文献资料选编》，中国民主法制出版社2021年版，第99页。

主专政"，"社会主义国家"的国家性质就改变了，更谈不上公民所享有的宪法规定的各项基本权利。正是在这个意义上，习近平深刻指出："人民民主是社会主义的生命，没有民主就没有社会主义，就没有社会主义的现代化，就没有中华民族伟大复兴。"① 由此可知，人民民主是社会主义的生命与灵魂。就"人民民主"而论，"民主"的主体是"人民"，即社会主义民主注重的是"人民民主"即大多数人的民主，而不是个别人或少数人的民主，因此，人民民主的核心在于人民当家作主，即人民是国家和社会的主人，人民自己决定自己的命运和前途。人民当家作主构成了社会主义民主政治的本质和核心，"发展社会主义民主政治就是体现人民意志、保障人民权益、激发人民创造活力，用制度体系保证人民当家作主"。② 人民当家作主这一表征全过程人民民主的核心理念，在我国现行宪法序言与总纲中作出了清晰的表达。

一、我国国体确立之目的即在于人民当家作主

我国现行宪法序言第 5 自然段明确指出："一九四九年，以毛泽东主席为领袖的中国共产党领导中国各族人民，在经历了长期的艰难曲折的武装斗争和其他形式的斗争以后，终于推翻了帝国主义、封建主义和官僚资本主义的统治，取得了新民主主义革命的伟大胜利，建立了中华人民共和国。从此，中国人民掌握了国家的权力，成为国家的主人。"应当说，中国共产党自诞生之日起就肩负起为人民谋幸福的初心与使命，习近平同志反复说过："为人民谋幸福，是中国共产党人的初心。我们要时刻不忘这个初心，永远把人民对美好生活的向往作为奋斗目标。"③为人民谋得幸福的前提就是为人民争得民主，以实现近代以来人民当家作主的根本愿望。因此，中国共产党领导人民，通过 28 年的英勇斗争，确立了"中华人民共和国"这一国体，具体而言就是"工人阶级领导的、以工农联盟为基础的人民民主专政的社会主义国家"（宪法第 1 条）。

"国体"表明的是国家的性质问题，即国家权力由谁所有。毛泽东认为："这个国体问题，从前清末年起，闹了几十年还没有闹清楚。其实，它只是指的一个问题，就是社会各阶级在国家中的地位。"④ 关于在中国建立一个怎样

---

① 习近平：《全过程人民民主是最广泛、最真实、最管用的社会主义民主》，载《习近平谈治国理政》第 4 卷，外文出版社 2022 年版，第 259 页。

② 同上。

③ 《习近平关于"不忘初心、牢记使命"论述摘编》，党建读物出版社、中央文献出版社 2019 年版，第 13 页。

④ 《毛泽东选集》第 2 卷，人民出版社 1991 年版，第 676 页。

的国体问题，自 20 世纪初期毛泽东及其共产党人就一直在探索，直到 1949 年才把新中国之国体最终确立为"中华人民共和国"。

毛泽东对国体性质的探索是有其历史发展过程的。毛泽东虽然 1912 年春考入湖南全省高等中学校，但是这年之秋毛泽东即退学，然后在湖南省立图书馆自学。其间，他阅读了亚当·斯密的《原富》、赫胥黎的《天演论》、穆勒的《名学》、斯宾塞尔的《群学言》、孟德斯鸠的《法意》、卢梭的《民约论》等反映 17、18 世纪西方资产阶级民主主义思潮的著作，尤其喜爱读康有为与梁启超的文章，并崇拜康梁，从而接受了资产阶级改良主义思想的影响。1910 年下半年，毛泽东在湘乡东山高等小学堂读书时就读过梁启超所创办的《新民丛报》，他曾在该报第 4 号《新民说》"论国家思想"第 3 段末批写道："正式而成立者，立宪之国家，宪法为人民所制定，君主为人民所拥戴；不以正式而成立者，专制之国家，法令为君主所制定，君主非人民所心悦诚服者。"① 这时的毛泽东在理解"人民"之概念时是将其与"君主"对立的，是君主立宪制下的"人民"，是没有阶级性的人民，毛泽东于 1936 年在与埃德加·斯诺谈话时承认："说实在的，当时我还不是一个反对帝制的人，认为皇帝和大多数官吏都是诚实、正直、善良和聪明的人，他们不过需要康有为帮助他们变法罢了。"② 这时的毛泽东还没有学会运用阶级分析的方法分析"人民"的性质。

1911 年春毛泽东到长沙入湘乡驻省中学读书时，为同盟会的革命纲领所吸引，接受了以孙中山、黄兴为代表的资产阶级民主革命思想，崇尚民主共和理念，从而抛弃了君主立宪思想。1915 年，陈独秀主编的《新青年》创刊后，毛泽东很快成了它的热心读者，开始接受陈独秀等人的激进民主主义思想。然而毛泽东在此后的一段时期并未认识到人民的力量，他只是从"智"与"愚"之角度诠释"人民"之概念。毛泽东在 1917 年 8 月《致黎锦熙信》中将人划分为三类：圣人、贤人和愚人，并以此将人进而分为智者与愚者、君子与小人，他在信中写道："圣人，既得大本者也；贤人，略得大本者也；愚人，不得大本者也。"③ "小人累君子，君子当存慈悲之心以救小人。政治、法律、宗教、礼仪制度，及多余之农、工、商业，终日经营忙碌，非为君子设也，为小人设也。君子已有高尚之智德，如世但有君子，则政治、法律、宗教、礼仪制度，及多余之农、工、商业，皆可废而不用。无如小人太多，

---

① 《毛泽东早期文稿》（1912.6—1920.11），湖南出版社 1990 年版，第 5 页。
② 【美】埃德加·斯诺：《红星照耀中国》，河北人民出版社 1992 年版，第 100 页。
③ 《毛泽东早期文稿》（1912.6—1920.11），湖南出版社 1990 年版，第 87 页。

世上经营，遂以多数为标准，而牺牲君子一部分以从之，此小人累君子也。然小人者，可悯者也，君子但顾自己，则可离群索居，若以慈悲为心，则此小人也，吾同胞也，吾宇宙之一体也。吾等独去，则彼将即于沉沦，自宜为一援手，开其智而蓄其德，与之共跻于圣域。彼时天下皆为圣贤，而无凡愚，可尽毁一切世法，呼太和之气而吸清海之波。……大同者，吾人之鹄也。立德、立功、立言以尽力于斯世者，吾人存慈悲之心以救小人。"① 从信中反映出了此时的毛泽东对"民"的认识仍然停留于中国传统文化所倡导的为民作主的"民本"思想上。这种英雄主义式的为民作主的民主观，使青年时代的毛泽东没有认识到人民力量的伟大作用，没有认识到人民是历史的真正创造者。

1918 年 10 月，经杨昌济介绍，毛泽东到李大钊任主任的北京大学图书馆当助理员。在此期间，他读到了李大钊的《庶民的胜利》《布尔什维克主义的胜利》等文章，广泛接触各种新思潮。1919 年五四运动之后，毛泽东对人民作用的认识有了一个根本的转变，他看到了民众力量的伟大，初步认识到了民主的意义与价值。毛泽东于 1919 年 7 月在《〈湘江评论〉创刊宣言》中指出："什么力量最强？民众联合的力量最强。"② 他指出："各种对抗强权的根本主义，为'平民主义'（兑莫克拉西。一作民本主义，民主主义，庶民主义）。"③ 这时的毛泽东固然认识到了民众联合的力量，但他把西方的民主即 democracy 理解为平民主义或庶民主义，并把这种主义看作对抗强权的根本主义。其实，民主的本质强调的是权力的民有、民治与民享，而不纯粹为平民主义或者庶民主义，纯粹民主主义式的平民主义或者庶民主义往往导致无政府主义。此时的毛泽东对民主之民含义的理解是平民或庶民，这里的庶民或者平民是那些政治上无权利、经济上无自由、文化上无知识的劳苦大众，所以在毛泽东看来，当"国家坏到了极处，人民苦到了极处，社会黑暗到了极处"，唯一补救的根本办法就是"民众的大联合"。民众的大联合之所以有力量，是因为"一国的民众，总比一国的贵族资本家及其他强权者要多"。④ 毛泽东逐渐意识到，无权无势的民众只有联合起来，进行反抗，才能对抗社会的强权者的统治，改变自身的社会地位。因为，经过辛亥革命与五四运动的洗礼以及民主共和观念的传播，毛泽东开始认识到"天下者我们的天下。国

---

① 《毛泽东早期文稿》（1912.6—1920.11），湖南出版社 1990 年版，第 88—89 页。
② 《毛泽东早期文稿》（1912.6—1920.11），湖南出版社 1990 年版，第 292 页。
③ 《毛泽东早期文稿》（1912.6—1920.11），湖南出版社 1990 年版，第 293 页。
④ 《毛泽东早期文稿》（1912.6—1920.11），湖南出版社 1990 年版，第 338—339 页。

家者我们的国家。社会者我们的社会"。① 只要实行民众的大联合，就会出现一个"黄金的世界，光华灿烂的世界"。② 所以，在毛泽东看来，如果要对中国腐朽的社会制度进行"连根拔起"的改造，那么这一责任应当是"全国人民的责任，不是少数官僚政客武人的责任"，并在湖南自治运动中提出了"人民的自决"思想。③ 1920 年，毛泽东把"最大多数的人民"范围界定为："（一）种田的农人，（二）做工的工人，（三）转运贸易的商人，（四）殷勤向学的学生，（五）其他不管闲事的老人及小孩子。"④ 这时，毛泽东眼中的人民主体就是工人、农民、商人和学生，他们才是国家权力的主人，共和国的主人。毛泽东认为，人民自治法的制定，非由穿长衣的先生们决定，而是由工人们农人们决定，"他们对于政治，要怎么办就怎么办。他们对于法律，要怎么定就怎么定"。⑤ 所以，这自治法是"大多数人能够制能够议的，并且要这么大多数人制出来议出来的才好"。"只要你满了十五岁（这是我定的成人期），又只要你没有神经病，不论你是农人也罢，工人也罢，乞丐也罢，女人也罢，你总有权发言，并且你一定应该发言，并且你一定能够发言。"⑥ 所以，毛泽东对人民的认识已经接近人民群众是历史的创造者这一历史唯物主义观点了。正如日本野村浩一所指出的"这里的所谓'人民'是指那些对抗军阀、官僚、政客乃至帝国主义、大国主义等一切压迫者追求自身解放的人。对毛泽东来说，问题首先在这些人的实实在在的解放。拯救中国，正是拯救这些人"。⑦ 毛泽东这时的思想已经不再是自己充当救世主去拯救人民，而是通过民众自己联合起来，自己拯救自己，人民自己解放自己，这也是毛泽东对民主的认识由为民作主民本思想到民自我作主的现代民主观的转变。

毛泽东在湖南自治运动中，不仅提出了"人民自治"，还提出了"人民主权"的思想，他指出："人民，主权，主权尤为要素中的主要素。"毛泽东所理解的人民主权就是指人民"自己处理自己的事的完全主权"。⑧ 毛泽东的这一思想表达了一切权力在于人民的现代人民主权理念。人民自治也好，人民自己拯救自己也好，其前提是对于国家社会事务享有主权，享有民主权利，

---

① 《毛泽东早期文稿》（1912.6—1920.11），湖南出版社 1990 年版，第 390 页。

② 《毛泽东早期文稿》（1912.6—1920.11），湖南出版社 1990 年版，第 394 页。

③ 《毛泽东早期文稿》（1912.6—1920.11），湖南出版社 1990 年版，第 486 页。

④ 《毛泽东早期文稿》（1912.6—1920.11），湖南出版社 1990 年版，第 510 页。

⑤ 《毛泽东早期文稿》（1912.6—1920.11），湖南出版社 1990 年版，第 519 页。

⑥ 《毛泽东早期文稿》（1912.6—1920.11），湖南出版社 1990 年版，第 520 页。

⑦ 【日】野村浩一：《毛泽东——人类智慧的遗产》，张惠才、张占斌译，时代文艺出版社 1993 年版，第 48 页。

⑧ 《毛泽东早期文稿》（1912.6—1920.11），湖南出版社 1990 年版，第 526 页。

所以人民主权思想的提出，就是号召人民首先争取民主，从而引导人民走向一条采取"激烈方法的共产主义，即所谓劳农主义，用阶级专政的方法"①进行社会改造的道路。毛泽东的这一思想实际上体现在了中国共产党早期的纲领与政策中。

中国共产党成立前夕，《共产党》月刊就开展了"高举社会革命建设劳工专政的国家"的讨论，在《中国共产党第一个纲领》中明确指出："革命军队必须与无产阶级一起推翻资本家阶级的政权"，把"工人、农民和士兵组织起来，并承认党的根本政治目的是实行社会革命"。②尤其是1922年7月党的二大在中国近代史上第一次提出了彻底的反帝反封建的民主革命纲领，该纲领提出革命的主要任务是以武力推翻帝国主义和封建军阀的统治，"由人民统一中国本部，建立一个真正民主共和国"。③然而，正如中共二大通过的《关于"民主的联合战线"的决议案》所指出的，由于当时中国还处于封建军阀的专制统治下，"人民的生命财产都握在武人手里，法律和舆论都没有什么效力，所以为人民幸福计，民主派对于封建革命是必要的，无产阶级倘还不能够单独革命，扶助民主派对于封建革命也是必要的；因为封建武人是无产者和民主派公共的仇敌，两派联合起来打倒公敌，才能得着出版、集会、结社的自由，任何阶级都必须得着这几种自由方有充分发展的机会"。所以，"我们共产党应该出来联合全国革新派，组织民主的联合战线，以扫清封建军阀推翻帝国主义的压迫，建设真正民主政治的独立国家为职志"。④1923年6月在中共"三大"上，又确立了无产阶级与资产阶级建立革命联合战线的政策，并提出了"以革命的方法建立真正平民的民权"之政治主张，瞿秋白称之为"劳动平民之革命民权独裁制"，"国民会议最高权的平民民权共和国"。⑤其中平民包括工人、农民及其他被压迫阶级。随着国共两党的第一次合作与统一战线的建立，中国共产党在革命运动中，又进一步提出了建立"革命的民众政权"之政治主张，1927年1月《中国共产党对于时局宣言》明确提出："建立革命的民众政权，召集革命民众的国民会议统一全中国！"⑥

虽然中国共产党提出了建立"真正民主共和国"以及"革命的民众政权"的政治主张，但是党内却存在着以陈独秀为代表只注意同国民党合作而

---

① 《毛泽东文集》第1卷，人民出版社1993年版，第2页。
② 《中共中央文件选集》第1册，中共中央党校出版社1982年版，第5页。
③ 《中共中央文件选集》第1册，中共中央党校出版社1982年版，第74页。
④ 《中共中央文件选集》第1册，中共中央党校出版社1982年版，第38页。
⑤ 《瞿秋白论文集》，重庆出版社1995年版，第114页。
⑥ 《中共中央文件选集》第3册，中共中央党校出版社1982年版，第449页。

忘记农民的右倾机会主义和以张国焘为代表的只注意工人运动而忘记农民的左倾机会主义倾向，他们始终不懂得"谁是我们的敌人？谁是我们的朋友？"这一"革命的首要问题。"① 毛泽东回答了这一首要问题，指出"工业无产阶级是我们革命的领导力量。一切半无产阶级、小资产阶级，是我们最接近的朋友"。② 这样，毛泽东就解决了中国革命中最主要的同盟军的问题。1926年9月毛泽东在其主编的《农民问题丛刊》序中进一步明确指出，"农民问题乃国民革命的中心问题，农民不起来参加并拥护国民革命，国民革命不会成功"。③ 1927年3月毛泽东在《湖南农民运动考察报告》中热情讴歌了农民运动，指出："农村革命是农民阶级推翻封建地主阶级的权力的革命。"④ "农民成就了多年未曾成就的革命事业，农民做了国民革命的重要工作。"⑤ "没有贫农，便没有革命。若否认他们，便是否认革命。若打击他们，便是打击革命。他们革命的大方向始终没有错。他们损伤了土豪劣绅的体面。他们打翻了大小土豪劣绅在地上，并踏上一只脚。"⑥ 在农民运动中，农民建立了自己的权力机关即农会，"一切权力归农会"。在第二次国内革命战争时期，由于蒋介石国民党对革命的叛变，"资产阶级尤其是大资产阶级既然退出革命，而且投靠帝国主义和封建势力，变为人民的敌人，则革命的动力便只剩下了无产阶级、农民和城市中小资产阶级；革命的政党，便只剩下了共产党；革命的组织责任，便不得不落在革命政党共产党的肩上"。⑦ 从而使中国共产党走向了工农武装割据、建立工农民主政权的道路上。所以，在1934年中国共产党领导根据地人民建立了工人和农民的民主专政的苏维埃政权，它属于工人、农民、红色战士及一切劳苦大众，这就是工农共和国。

然而，由于日本帝国主义发动了对中国的侵略战争，民族矛盾成为主要矛盾，日本侵略者即成了中国人民的公敌，因此在抗日战争时期党的任务则是"把红军的活动和全国的工人、农民、学生、小资产阶级、民族资产阶级的一切活动汇合起来，成为一个统一的民族革命战线"。⑧ 毛泽东在1935年12月《论反对日本帝国主义的策略》中又明确提出了由过去的"工农共和

---

① 《毛泽东选集》第1卷，人民出版社1991年版，第3页。
② 《毛泽东选集》第1卷，人民出版社1991年版，第9页。
③ 《毛泽东文集》第1卷，人民出版社1993年版，第17页。
④ 《毛泽东选集》第1卷，人民出版社1991年版，第9页。
⑤ 《毛泽东选集》第1卷，人民出版社1991年版，第18—19页。
⑥ 《毛泽东选集》第1卷，人民出版社1991年版，第21页。
⑦ 《毛泽东选集》第1卷，人民出版社1991年版，第260页。
⑧ 《毛泽东选集》第1卷，人民出版社1991年版，第151页。

国"而转变建立"人民共和国"的思想。工农共和国实质上就是人民共和国，因为工人、农民占了全民族人口的百分之八十至九十，在抗战之前，资产阶级是革命的对象，不属于人民的范畴，然而由于日本的侵略而改变了中国的阶级关系，不但小资产阶级，而且民族资产阶级，有了参加抗日斗争的可能性，所以"人民共和国"就"代表了反帝国主义反封建势力的各阶层人民的利益的。人民共和国的政府以工农为主体，同时容纳其他反帝国主义反封建势力的阶级"。① "人民共和国"之思想的提出，基本上确立新中国的国体问题，虽然后来毛泽东又针对国体问题提出过不同的名称，但都属于"人民共和国"之根本范畴，其根本性质是相同的。如果说毛泽东在 1920 年就"国体"问题第一次主张建立湖南地方一省的"共和国"，那么由"工农共和国"到"人民共和国"的国体思想嬗变，毛泽东及其共产党人则基本上完成了对中国革命胜利后政权属于谁的国体问题的认识与探索。

　　围绕"人民共和国"这一国体问题，毛泽东在不同的场合提出过"人民民主共和国""人民民主主义的共和国""革命的三民主义的共和国""民主共和国""中华民主共和国""新民主主义的共和国""中华人民民主共和国"，直至"中华人民共和国"这一正式国体的确立。1939 年毛泽东在延安青年群众举行的五四运动 20 周年纪念会上指出中国革命的目的"就是打倒帝国主义和封建主义，建立一个人民民主共和国。这种人民民主主义的共和国，就是革命的三民主义的共和国"。② 1939 年 12 月毛泽东在《中国革命和中国共产党》一文中又指出："中国现阶段的革命所要造成的民主共和国，一定要是一个工人、农民和其他小资产阶级在其中占一定地位起一定作用的民主共和国。换言之，即是一个工人、农民、城市小资产阶级和其他一切反帝反封建分子的革命联盟的民主共和国。"③ 1940 年毛泽东在《新民主主义论》中则提出了所要建立的共和国是"中华民主共和国"，他说："这种新民主主义共和国，一方面和旧形式的、欧美式的、资产阶级专政的、资本主义共和国相区别，那是旧民主主义的共和国，那种共和国已经过时了；另一方面，也和苏联式的、无产阶级专政的、社会主义的共和国相区别，"因为它是"几个反对帝国主义的阶级联合起来共同专政的新民主主义的国家"。④ 1948 年 8 月毛泽东在《复各民主党派与民主人士电》中，提出加强一切民主力量，共同奋

---

① 《毛泽东选集》第 1 卷，人民出版社 1991 年版，第 159 页。
② 《毛泽东选集》第 2 卷，人民出版社 1991 年版，第 563 页。
③ 《毛泽东选集》第 2 卷，人民出版社 1991 年版，第 649 页。
④ 《毛泽东选集》第 2 卷，人民出版社 1991 年版，第 675—676 页。

斗，建立独立、自由、富强和统一的"中华人民民主共和国"。① 1948 年 1 月毛泽东在《关于目前党的政策中的几个重要问题》中最终提出了"中华人民共和国"这一正式国体，他说："新民主主义的政权是工人阶级领导的人民大众的反帝反封建的政权。……这个人民大众组成自己的国家（中华人民共和国）并建立代表国家的政府（中华人民共和国的中央政府）。""中华人民共和国的权力机关是各级人民代表大会及其选出的各级政府。"② 同年 12 月 30日毛泽东为新华社写的 1949 年新年献词"将革命进行到底"中再一次确认了"中华人民共和国"这一国体名称："一九四九年将要召集没有反动分子参加的以完成人民革命任务为目标的政治协商会议，宣告中华人民共和国的成立。"③ 1949 年 6 月 15 日毛泽东在新政治协商会议筹备会开幕典礼上的讲话中再次重申新的政治协商会议目的之一就是"宣告中华人民共和国的成立"，并在讲话的最后郑重喊出了"中华人民共和国万岁"的口号。④ 1949 年 6 月在起草《中国人民政治协商会议共同纲领》时，黄炎培、张志让两先生曾主张用中华人民民主国，在小组讨论中，张奚若先生认为采用中华人民民主国，不如用中华人民共和国，经讨论，大家认为：共和国说明了我们的国体，"人民"有它特定的含义，已经把人民民主专政的意思表达出来了，不必再把"民主"二字重复一次。最后采纳张奚若的意见，将新中国的国名定为"中华人民共和国"。⑤ 同年 9 月 21 日毛泽东在中国人民政治协商会议第一届全体会议上的开幕词中向世界各国隆重宣告了"中华人民共和国"的成立，至此，毛泽东及共产党人最终完成了中国国体的探索。

国体的确立意味着新中国是人民的国家，人民当家作主，人民共同享有权力、共同治理的国家和社会。正如习近平所指出："我们国家的名称，我们各级国家机关的名称，都冠以'人民'的称号，这是我们对中国社会主义政权的基本定位。"⑥ 现行宪法第 1 条将中国各族人民奋斗的成果以法律的形式确认了下来，该条第 1 款明确规定："中华人民共和国是工人阶级领导的、以工农联盟为基础的人民民主专政的社会主义国家。"

---

① 《毛泽东文集》第 5 卷，人民出版社 1996 年版，第 114 页。
② 《毛泽东选集》第 4 卷，人民出版社 1991 年版，第 1272 页。
③ 《毛泽东选集》第 4 卷，人民出版社 1991 年版，第 1379 页。
④ 《毛泽东选集》第 4 卷，人民出版社 1991 年版，第 467、1463 页。
⑤ 《董必武政治法律文集》，法律出版社 1986 年版，第 72—73 页；许崇德：《中华人民共和国宪法史》上卷，福建人民出版社 2005 年版，第 33—34 页。
⑥ 习近平：《在庆祝全国人民代表大会成立六十周年大会上的讲话》，载《十八大以来重要文献选编》（中），中央文献出版社 2016 年版，第 58 页。

二、一切权力属于人民：人民民主的实质

现行宪法第 2 条第 1 款规定："中华人民共和国的一切权力属于人民。"一切权力属于人民是对"人民主权"原则的宪法规范表达，是人民当家作主的根本内涵。

人民主权理论是在 17、18 世纪欧洲启蒙运动时期由英国的霍布斯和洛克、法国的卢梭等人提出的一项近代民主国家的根本原则，它已成为人类社会政治文明的共同准则。霍布斯（Thomas Hobbes）基于自然状态是一种人反对人的战争状态而无法确保人的生命、财产、和平等自然权利之实现，他提出了通过社会契约而结成社会和国家状态，进而保障人的自由和权利。他指出："把大家所有的权力和力量托付给某一个人或一个能通过多数的意见把大家的意志化为一个意志的多人组成的集体。这就等于是说，指定一个人或一个由多人组成的集体来代表他们的人格，每一个人都承认授权于如此承当本身人格的人在有关公共和平或安全方面所采取的任何行为或命令他人作出的行为，在这种行为中，大家都把自己的意志服从于他的意志，把自己的判断服从于他的判断。……这一人格是大家人人相互订立信约而形成的，其方式就好像是人人都向每一个其他的人说：我承认这个人或这个集体，并放弃我管理自己的权利，把它授予这人和这个集体，但条件是你也把自己的权利拿出来授予他，并以同样的方式承认他的一切行为。像这样统一在一个人格之中的一群人就称为国家，在拉丁文中称为城邦。这就是伟大的利维坦（Leviathan）的诞生，用更尊敬的方式来说，这就是活的上帝的诞生。"[1] 按照契约建立的国家，其目的就是为了全体的和平、安全与便利。霍布斯把主权的特征概括为神圣不可侵犯和主权不能分割、全权集君主一身，由此决定了霍布斯的主权论是典型的绝对的主权论，所谓法律的普遍意志"并不是所有的个人的意志，而乃是统治者的意志"。[2] 然而，霍布斯的主权论始终隐含着"人民主权"的影子，因为他的契约论，自然状态的自然人把全部权利交给"利维坦"，从而产生了国家，这使他的主权理论至少在权力的渊源上包含着来自于人民主权的民主观念。

约翰·洛克（John Locke）承继霍布斯人民主权之思想，提出了他的人民主权理论。他认为，以自由、平等、博爱为特征的自然状态由于存在着诸如

① 【英】霍布斯：《利维坦》，黎思复、黎廷弼译，商务印书馆 1985 年版，第 131—132 页。
② 【德】黑格尔：《哲学史讲演录》第 4 卷，贺麟、王太庆译，商务印书馆 1978 年版，第 159 页。

缺少立法权、司法权和执行权等缺陷而无法终止和结束因此而导致的权利无法确保的战争状态，因而他提出，人们"只有彼此相约加入同一社会，从而构成一个国家的契约才起这一作用"。① 人们相互协议联合组成为共同体的目的是"谋他们彼此间的舒适、安全和和平的生活，以便安稳地享受他们的财产并且有更大的保障来防止共同体以外任何人的侵犯"。② 也就是国家的唯一目的就是要保护公民的生命、自由和财产，为了人民的和平、安全和公共福利，"政府的目的是为人民谋福利"。③ 人们在结成契约时，相互转让和甘愿放弃的权利是"单独行使的惩罚权力"，具体说就是自然法的执行权和对违反自然法的罪行的处罚权，而对其他权利都作了保留。这样，每人把转让出去的这部分权力"交由他们中间被指定的人来专门行使；而且要按照社会所一致同意的或他们为此目的而授权的代表所一致同意的规定来行使。这就是立法和行政权力的原始权利和这两者之所以产生的原由，政府和社会本身的起源也在于此"。④ 按照洛克的理论，人民是权力最终的主体，是监督立法权的最后手段。洛克认为，立法权虽然是最高权力，但它只是为了保障人民的财产而行使的一种受委托的权力，只有人民才能通过组成立法机关和指定由谁来行使立法权，当人民发现立法行为与他们的委托相抵触时，人民仍然享有最高权力来罢免或更换立法机关。社会始终保留着一种最高权力，以保卫自己不受任何团体即使是他们的立法者攻击和谋算，因此共同体总是最高的权力。⑤洛克进而指出，当立法权和执行权即政府权力成为一种特权并背离了人们授予他们的目的而变成以满足他自己的野心、私愤、贪欲和任何其他不正当的情欲为目的时，就成为了暴政。对此，人民没有别的补救办法，只有诉诸于上天（to appeal to Heaven）。这种诉诸上天的权利是人类为自己所保留的最后决定权，这种权利是不能放弃的。一旦权力者违背了人民委托他们的目的，就丧失了其权力，人民就无须再予以服从，而只有寻求上帝给予人们抵抗强暴的共同庇护。所以，在立法机关丧失了权力之后，立法权便归属了人民，人民享有恢复他们原来的自由的权利，并通过建立他们认为合适的新立法机关以谋求他们的安全和保障，以此来维护自然法的实施和自然权利的

① 【英】洛克：《政府论》下篇，叶启芳、瞿菊农译，商务印书馆1964年版，第11页。
② 【英】洛克：《政府论》下篇，叶启芳、瞿菊农译，商务印书馆1964年版，第59页。
③ 【英】洛克：《政府论》下篇，叶启芳、瞿菊农译，商务印书馆1964年版，第139页。
④ 【英】洛克：《政府论》下篇，叶启芳、瞿菊农译，商务印书馆1964年版，第78页。
⑤ 【英】洛克：《政府论》下篇，叶启芳、瞿菊农译，商务印书馆1964年版，第91—92页。

实现。①

让—雅克·卢梭（Jean-Jacques Rousseau）的社会契约论不同于霍布斯与洛克以自然状态为前提的社会契约论，卢梭的社会契约论是建立在那种使人不自由和不平等状态的现实社会制度之上、进而通过社会契约确立一种人人自由、平等的社会中，保证人人过上一种自由、平等的社会政治生活。卢梭所作出的全部努力，最终归结为一个命题就是："每个结合的人皆把他自己和他所有权利全部让渡给整个共同体。"② 如此一来，"我们每个人都在公意的最高指导之下把他自己以及他的全部的权力奉献于共同体；作为一分子，我们每个人都团结得如同不可分割的一部分"。③ 这个共同体就是共和国或者国家。④ 按照卢梭的社会契约论所产生的国家，其全部权力均源自人民的授权，人民是国家权力的主人。

无论是霍布斯、洛克的人民主权理论，还是卢梭的人民主权理论，都是对当时主权在神、主权在君的传统主权理论的批判而产生的新的主权理论，无论他们是基于人为拟制的自然状态还是不平等、不自由的封建专制制度，其巨大的进步意义在于确立了人民主权理论，为近现代权利政治奠定了理论基石。

人民主权原则意味着一国之最高权力的来源是人民，人民是国家一切权力的所有者，国家政府及其工作人员都是人民选举出来行使人民委托的权力的代理人，因此，主权属于人民所有，主权既不隶属于君主一人，也不属于少数人，而是属于大多数人民。"一切权力属于人民"是社会主义国家宪法所确立的基本原则，这一表述最早源自于我国 1954 年宪法。1954 年宪法第 2 条第 1 款规定："中华人民共和国的一切权力属于人民。"但是，作为宪法原则，最早出现于 1918 年苏联的《俄罗斯社会主义联邦苏维埃共和国宪法》中，该

---

① 【英】洛克：《政府论》下篇，叶启芳、翟菊农译，商务印书馆 1964 年版，第 106、133—134 页。

② Jean-Jacques Rousseau，The social contract，Maurice Cranston，1968，p. 60.

③ 原文是：Each one of us puts into the community his person and all his powers under the supreme direction of the general will；and as a body，we incorporate every member as an indivisible part of whole.（Jean-Jacques Rousseau，The social contract，Maurice Cranston，1968，p. 61.）被广泛流传并具有深远影响的是何兆武先生的翻译，他这样翻译的，"我们每个人都以其自身以及其全部的力量共同置于公意的最高指导下，并且我们在共同体中接纳每一个成员作为全体之不可分割的一部分"（参见【法】卢梭：《社会契约论》，何兆武译，商务印书馆 1980 年版，第 24—25 页）。

④ Jean-Jacques Rousseau，The social contract，Maurice Cranston，1968，p. 61.

宪法第 1 条规定："中央和地方的一切权力，均属于苏维埃。"① 1936 年苏联的《苏维埃社会主义联盟宪法》第 3 条规定："苏联的一切权力，属于以各级劳动者代表苏维埃为代表的城乡劳动者。"直到 1977 年《苏维埃社会主义共和国联盟宪法》第 2 条才出现"苏联的一切权力属于人民"。

"一切权力属于人民"虽是 1954 年宪法确立的原则，但早在革命根据地时期中国共产党领导的革命政权就在宪法性法律文献中确立了"人民主权"的原则。1931 年 11 月中华苏维埃第一次全国代表大会通过的《中华苏维埃宪法大纲》第 2 条规定："苏维埃全部政权是属于工人农民红军士兵及一切劳苦大众的。"1934 年 1 月由中华苏维埃第二次全国代表大会通过的《中华苏维埃宪法大纲》第 2 条规定："苏维埃政权是属于工人、农民、红色战士及一切劳苦大众的。"1946 年《陕甘宁边区宪法原则》尽管未明确规定"一切权力属于人民"的原则，但其规定的政权组织的产生及来源则把"人民"视为权力的最终来源，第 1 条至第 3 条规定：边区、县、乡人民代表会议为人民管理政权机关，人民选举各级代表，各级代表会选举政府人员，组成政府，各级政府对代表会负责。我们知道，中国共产党自成立之日起，就把领导人民夺取政权视为己任，因此共产党领导的政权是属于人民的，共产党领导的政府都是由人民选举出来的代表组成的，因此，人民始终是政权的所有者。从 1931 年《中华苏维埃宪法大纲》到 1946 年《陕甘宁边区宪法原则》，都确立了"权力属于人民"的宪法原则。这种宪法原则最终在新中国成立时纳入了《中国人民政治协商会议共同纲领》之中，《共同纲领》第 12 条第 1 款规定："中华人民共和国的国家政权属于人民。"到新中国第一部宪法即 1954 年宪法正式规定了"一切权力属于人民"的宪法原则。1975 年宪法第 3 条、1978 年宪法第 3 条、1982 年宪法第 2 条均规定："中华人民共和国的一切权力属于人民。"所以，自新中国成立之前的革命根据地时期，共产党的宪法性文件就确立的"一切权力属于人民"的宪法原则，这一原则到《共同纲领》、再到新中国的四部宪法，都始终未变。可见，"一切权力属于人民"不仅是共产党的执政理念与执政原则，更是国家的宪法原则。

国家的"一切权力属于人民"之原则，如果从释义学的角度来解释，首先，"一切权力"包括了国家的立法权、行政权、司法权等所有由国家应当行使的权力；其次，"属于"之词典解释是"归某一方面或为某方所有"。② 最

---

① 《世界各国宪法》编辑委员会编译：《世界各国宪法》欧洲卷，中国检察出版社 2012 年版，第 229 页。

② 《现代汉语词典》，商务印书馆 2005 年第 5 版，第 1267 页。

后，"人民"在我国，还不是一个"全体公民"的集合概念，而是一个政治性概念，即排除了"敌对势力和敌对分子"之外的其他人组成的一个政治集合体，即宪法序言所说的："全体社会主义劳动者、社会主义事业的建设者、拥护社会主义的爱国者和拥护祖国统一的爱国者。"所以，"一切权力属于人民"之内涵就十分清楚，即国家的所有权力皆归全体社会主义劳动者、社会主义事业的建设者、拥护社会主义的爱国者和拥护祖国统一的爱国者之全体人民所有。从中可推知，人民是国家权力的本源，是国家权力的所有者即主人；国家各级机关及其任何工作人员都不应当也不可能是国家权力的所有者，它们都是受人民委托而代表人民行使权力的代理人，只是国家权力的行使者。在我国，根据宪法第 2 条与第 3 条规定，人民行使国家权力的机关是全国人大和地方各级人大，它们是由民主选举产生，对人民负责，受人民监督。而其他各国家机关——国家行政机关、监察机关、审判机关、检察机关——则由人大产生，对人大负责并受它监督。因此，"一切权力属于人民"的宪法原则具体落实于制度上，就形成了双重宪政架构：第一是人大，这是"人民"行使国家权力的机关，但这种行使是"间接"而非"直接"行使，即由人民通过"民主选举"，先选出"代表"，而后由"代表"组成各级"人大"，再由"代表"代替"人民"来行使"国家权力"，这就是现代国家通行的"代议制政府"制度架构。由于人大是由人民选举出来的代表组成的，并代表人民行使国家权力，所以人大必须向人民负责，受人民监督。换言之，人民是可以随时罢免不合格的"代表"，以保证"代表"真正能够代表"人民"的意志与利益。第二是其他国家机关，这些国家机关再由人大产生，即国家行政机关、监察机关、审判机关、检察机关不是由人民"直接"选举出来的，而是由人民的代表组成的人大"间接"选举产生的，因此，上述国家机关不是直接向"人民"负责，受"人民"监督，而是向"人大"负责，并受"人大"监督，当然在最终意义上，还是向人民负责，毕竟一切国家权力都属于人民，人民的代表机关即人大所行使的全部权力都是人民授予的。可见，人大代表必须具有高度的为"人民"服务的责任意识与意志表达的"人民性"，否则，一旦人大"代表"被异化而没有真正代表"人民"的意愿，那么由这些异化的代表所组成的人大所产生出国家机关能否代表"人民"的利益行使权力就值得高度怀疑。由此，我们清楚地看出，所有的国家机关及其工作人员都是人民选举出来、以法定授权的方式、代表人民行使国家权力的代理人，其目的是实现好、维护好、发展好人民的根本利益，保障人民各种权利得以实现。总之，"一切权力属于人民"的宪法原则确立了人民是国家权力的所有者与权力的本源，由此也确立了人民"当家作主"的最终政治地位与最高宪法地位。

三、人民依法享有管理国家、管理经济和文化事业、管理社会事务的权利：人民当家作主的基本内涵

人民当家作主不仅是宪法的根本原则，也同时作为人民所享有的根本民主权利。作为宪法上所规定的民主权利，其基本内涵是人民依法享有管理国家、管理经济和文化事业、管理社会事务的权利。该权利为宪法第 2 条第 3 款所确认，它规定："人民依照法律规定，通过各种途径和形式，管理国家事务，管理经济和文化事业，管理社会事务。"宪法所确认的人民当家作主的民主权利包含着四层基本含义：

（一）人民是管理国家事务、管理经济和文化事业、管理社会事务的主体

宪法序言指出，"中国人民掌握了国家的权力，成为国家的主人"。宪法第 2 条第 1 款也规定"中华人民共和国的一切权力属于人民"。既然人民是国家和社会的主人，是国家一切权力的所有者，因而"人民"对国家和社会各项事务享有民主管理权利，是人民当家作主之应有之义，也是人民当家作主民主权利的必然要求。不过，宪法上所指称的"人民"是"国体"性概念，即指"中华人民共和国"之"人民"，而国体性"人民"概念则属于抽象的政治性概念，其含义亦有其演变过程。

"人民共和国"之国体性质，毛泽东在不同历史阶段对其内涵的表述虽有差异，但其根本实质是一致的，那就是占中国人口百分之八十至九十的工人、农民和城市小资产阶级以及民族资产阶级。在 1935 年毛泽东第一次提出"人民共和国"这一国体时，就指出："人民共和国应当首先代表工人和农民的利益。""人民共和国是代表反帝国主义反封建势力的各阶层人民的利益的。人民共和国的政府以工农为主体，同时容纳其他反帝国主义反封建势力的阶级。"① 1942 年毛泽东《在延安文艺座谈会上的讲话》中把"人民大众"界定为"最广大的人民，占全人口百分之九十以上的人民，是工人、农民、兵士和城市小资产阶级"。② 到 1948 年毛泽东又把"人民大众"范围在此基础上把"民族资产阶级"也纳入其中，即"所谓人民大众，是包括工人阶级、农民阶级、城市小资产阶级、被帝国主义和国民党反动政权及其所代表的官

---

① 《毛泽东选集》第 2 卷，人民出版社 1991 年版，第 159 页。
② 《毛泽东选集》第 3 卷，人民出版社 1991 年版，第 855 页。

僚资产阶级（大资产阶级）和地主阶级所压迫和损害的民族资产阶级，而以工人、农民（兵士主要是穿军服的农民）和其他劳动人民为主体"。① 1945 年毛泽东在《论联合政府》中把人民共和国的性质表述为"以全国绝大多数人民为基础而在工人阶级领导下的统一战线的民主联盟的国家制度"，这一国家制度就是新民主主义的国家制度。② 1948 年 12 月 30 日毛泽东在《将革命进行到底》中宣布，要"在全国范围内建立无产阶级领导的以工农联盟为主体的人民民主专政的共和国"。③ 1949 年 3 月毛泽东在中国共产党第七届中央委员会第二次全体会议上的讲话中，把"中华人民共和国"这一国体的性质正式表述为"无产阶级领导的以工农联盟为基础的人民民主专政"。④ 同年 6 月毛泽东在为纪念中国共产党成立 28 周年所写的《论人民民主专政》中又一次重申："总结我们的经验，集中到一点，就是工人阶级（经过共产党）领导的以工农联盟为基础的人民民主专政。"⑤ 并最终把"人民"的范围确立了下来，"人民是什么？在中国，在现阶段，是工人阶级、农民阶级、城市小资产阶级和民族资产阶级。""对于人民内部，则实行民主制度，人民有言论集会结社等项的自由权。选举权，只给人民，不给反动派。这两方面，对人民内部的民主方面和对反动派的专政方面，相互结合起来，就是人民民主专政。"⑥

因此，在国体之中，"人民"是有其特定解释的，那就是在新民主主义的中国是指工人、农民、小资产阶级和民族资产阶级及爱国民主分子。⑦ 在我国现行宪法中是指工人、农民和知识分子等全体社会主义劳动者、社会主义事业的建设者、拥护社会主义的爱国者、拥护祖国统一和致力于中华民族伟大复兴的爱国者。因此，"人民"之概念属于政治学范畴而非法学范畴，"人民"是与"敌人""敌对势力"相对应的，人民的外延无论怎样拓阔，也是从工农到工农之外的知识分子等，人民之外的所有其他人皆为"人民"之"敌人"或"敌对势力"。

在《中国人民政治协商会议共同纲领》中，关于权利的主体，所采用的概念就是"人民"，而对于义务的主体则采用的概念是"国民"。那么"人民"与"国民"之区别何在？毛泽东在 1940 年《新民主主义论》中曾阐释

① 《毛泽东选集》第 4 卷，人民出版社 1991 年版，第 1272 页。
② 《毛泽东选集》第 3 卷，人民出版社 1991 年版，第 1056 页。
③ 《毛泽东选集》第 4 卷，人民出版社 1991 年版，第 1375 页。
④ 《毛泽东选集》第 4 卷，人民出版社 1991 年版，第 1436 页。
⑤ 《毛泽东选集》第 4 卷，人民出版社 1991 年版，第 1480 页。
⑥ 《毛泽东选集》第 4 卷，人民出版社 1991 年版，第 1475 页。
⑦ 《董必武政治法律文集》，法律出版社 1986 年版，第 73 页。

过对"国民"概念的理解，他认为：资产阶级为了隐瞒他们的阶级地位，而用"国民"这一概念达到其阶级专政之目的，这种隐瞒对革命人民毫无益处，然而在毛泽东看来，"国民"这个名词是可用的，但是国民不包括反革命分子，不包括汉奸。① 毛泽东这里所理解的"国民"实际上等同于"人民"的概念。而资本主义国家宪法中所使用的"国民"指的是一国之公民，等同于"公民"概念。"国民"属于法律概念，指的是一国内的每一个人，《共同纲领》规定的义务主体为"国民"就是在这个意义上使用的，譬如第8条规定："中华人民共和国国民均有保卫祖国、遵守法律、遵守劳动纪律、爱护公共财产、应征公役兵役和缴纳赋税的义务。"《共同纲领》所规定的国民应当承担的义务是每个人都必须履行的，不管是"人民"还是"敌人"，只不过"人民"是享有权利的主体，而"敌人"只是义务的主体，他们不得享有权利。换言之，《共同纲领》针对权利主体与义务主体，所采取的划分标准是不同的：划分权利主体的标准是政治标准，凡属于"人民"范畴的，就是权利主体，反之就是义务主体；而划分义务主体的标准则是法律标准，只要是一国之民均为义务主体。所以，这里的"国民"之外延包含着"人民"，"人民"属于"国民"之一部分，而不是像毛泽东所理解的将"国民"等同于"人民"。针对"人民"与"国民"之区分，周恩来在1949年9月22日作《共同纲领草案起草的经过和纲领的特点》时指出："人民"是指工人阶级、农民阶级、小资产阶级、民族资产阶级以及从反动阶级中觉悟过来的某些爱国民主分子。而对官僚资产阶级和地主阶级使他们成为新人，在改造之前，他们不属于人民范围，但仍然是中国的一个国民，暂时不给他们享受人民的权利，却需要使他们遵守国民义务。因此，我们可以看出，《共同纲领》中的"国民"与"公民"实际上同属一个范畴，皆意指每一个中国人。所以，到"五四宪法"时就不再使用"国民"之概念，而将权利主体与义务主体统一为"公民"。然而，无论"五四宪法"或"八二宪法"，仍然把"人民"作为"国体"性概念保留了下来，因而对人民概念的理解必须基于"国体"性才能明确其真正含义。

因此，宪法确立的管理国家事务、管理经济和文化事业、管理社会事务的主体，不是言指每一个人意义上的"人民"，而是国体意义上的"人民"，一种所有人之抽象集合的政治概念。正是在此意义上，"人民"是国家和社会的主人，并享有管理国家事务和社会事务的民主权利。事实上，这一权利是名义上的，只具有形式意义，其真正的"管理"权已经由"人民"授权给人

① 《毛泽东选集》第2卷，人民出版社1991年版，第676页。

民代表，具体而言，是那些行使国家公共权力的各级人大以及由人大选举产生的国家机关。这就是第二个问题，人民管理国家和社会民主权利的组织形式是各级人大。

（二）人民管理国家和社会民主权利的组织形式是各级人大

作为国体意义上的人民，其自身并不是真正管理国家社会事务的主体，真正管理主体是由人民授权的"人大"。这就是宪法第 2 条第 2 款所规定的："人民行使国家权力的机关是全国人民代表大会和地方各级人民代表大会。"由于人民只是一个抽象的共同体，因而人民需要一个代表其意志、体现其意愿的具体机构行使其权力，这个机构就是人民授权的"代议机关"，这种实行人民民主的形式就是代议制民主或间接民主。代议制民主就是人民通过选举其代表的方式，代理行使权力，管理国家。密尔在《代议制政府》中对代议制政体的界定是："全体人民或以大部分人民通过由他们定期选出的代表行使最后的控制权。"① 由于人民自己不亲自管理和统治，而是由选出来的代表进行统治，所以这种民主又被称为间接民主。

关于民主实现的形式，一直存在着直接民主和间接民主。前者意指全体人民按照少数服从多数的原则行使国家权力；而后者则指全体人民以选举方式推选出人民代表来代表人民行使国家权力。正如人们所熟知的古希腊就是采取直接民主的方式，但正如卢梭所指出的严格的民主或真正的民主从未有过，而且永远也不会有，因为它实现民主的条件非常苛刻：如要有一个很小的国家，使人民很容易集合并使每个公民都能很容易认识所有的其他公民；要有极其淳朴的风尚，以免发生种种繁剧的事务和棘手的争论；要有地位上与财产上的高度平等，否则权利上和权威上的平等便无法长期维持；还要很少或根本没有奢侈等。按照密尔的看法，古希腊关于城邦的思想在现代社会中是无法维持的，他认为自治或通过公开集会进行治理的观念，对任何一个超过单个小镇的共同体来说，都纯粹是愚蠢的想法。除了人口数量很少的地方，人们只能参与为数很少的公共事务。除了纯粹由数量引起的难题之外，对于人们何时集会，在哪里集会，还存在着明显的地理和物理上的限制：这些限制条件在一个小共同体中是难以克服的，在一个大的共同体中，它们根本就不能克服。在一个人口密集的国家中，协调和管理所引发的问题，其复杂性都是任何古典的或直接民主不可逾越的。因此，在现代条件下，"理想上最好的政体"是代议民主制，在此制度下，人民"通过由它们定期选出的代

---

① 【英】J. S. 密尔：《代议制政府》，汪瑄译，商务印书馆 1982 年版，第 68 页。

表行使最后的控制权"。①在古典自然法思想家那里，是洛克为大众代议制政府的传统铺设了道路，孟德斯鸠则更好地理解了实现代议制政府的重构所必须的制度上的革新。孟德斯鸠虽极为推崇古典城邦那种投身于政治共同体生活的积极公民的理想和深切的公民责任感，但导致古代社会勃勃生机的基本条件已一去不复返了，"在一个自由的国家里，每个人都被认为具有自由的精神，都应该由自己来统治，所以立法权应该由人民集体享有。然而这在大国是不可能的，在小国也有许多不便，因此人民必须通过他们的代表来做一切他们自己所不能做的事情"。②他认为古代和现代之间的差异在于前者是特定的地域，紧密相连的社区，简朴的经济，对道德的关注和促进积极公民的公民纪律；后者是大民族国家，中央集权的官僚等级制，松散相联的商业社会，财富的不均和对个人利益的追求，随着控制着大片国土的国家的出现、自由贸易的扩展和市场经济的发展，一般社会和政治异质化的不可逆转的潮流成为必然。美国建国后在设计政治权力行使方式上就拒绝了直接参与式的民主制度而代之以代议制民主，因为直接参与式民主可能会导致宗派斗争，而代议制间接民主则既能避免各方面的剧烈冲突，又能避免绝对权力的压迫。前者是人民举行大会并以少数服从多数之原则集体作出决定，但若多数人败坏了，民主则不过是多数人运用法律的工具推行其专横的手段；后者则是通过自己的代表管理政权，若代表这一少数人败坏了，人民仍有把"代表"淘汰出局的机会，以最终主宰自己命运的权力。所以边沁在《宪法法典》一书中除抨击直接民主外，还认为："从目标和效果上能够使最大多数人得到最大幸福的唯一政治形式，便是民主代议制。"并进而认为"代议制民主"是在时间和空间上可以采纳的"唯一民主"。③康德在 1795 年也曾告诫世人：如果把民主仅仅理解为"大家（尽管不是所有人）商议决定一切"的直接民主，那么这实际上是一种专制政体。④有意思的是在法国从 1839 年至 1848 年的 10 年间，曾有主张直接民主与主张间接代议制两派的争论，可在 1840 年前后，许多直接民主的支持者转而赞同全国性的代议制民主。

马克思、恩格斯在总结巴黎公社模式经验时，曾对公社民主制作过五个特征的概括，即公共事务由按金字塔结构组织的公社或委员会管理；政府人员、法官、行政人员通过经常的选举产生，由社会任命和罢免；公职人员的

① 【英】J. S. 密尔：《代议制政府》，汪瑄译，商务印书馆 1982 年版，第 68 页。
② 【法】孟德斯鸠：《论法的精神》（上册），张雁深译，商务印书馆 1961 年版，第 159 页。
③ 【意】萨尔沃·马斯泰罗内：《欧洲民主史》，黄华光译，社会科学文献出版社 1994 年版，第 58—59、34—35 页。
④ 同上。

薪金不高于工人的工资；公社委员会是最高权力机关，并集立法和行政于一身即议行合一；监督机制则规定公社委员会要定期回到自己的选区报告工作，直接听取选民的意见，回答选民提出的问题，建立群众监察委员会。① 这种公社式的民主制无疑是代议制民主。列宁曾对"议会制"评价道："如果没有代议机构，那我们就很难想象有什么民主，即使无产阶级民主。"所以"摆脱议会制的出路，当然不在于废除代议机构和选举制"。②这说明列宁领导的社会主义革命在争得民主后也并未按照直接民主制来构建无产阶级民主。总之，现代国家，全面的直接的民主是不可能实现的，而只能是代议制民主。

因此，宪法规定人民行使国家权力的机关是全国人大和地方各级人大，就是一种间接民主形式，由人民选举出来的代表组成"人大"机关，由人大行使管理国家和社会事务的权力。而人民享有的管理国家和社会事务权利主要是通过人大来实现。换言之，人大行使管理国家和社会事务的权利是人民享有管理国家和社会事务权利的最重要的体现。

（三）人民享有管理国家和社会事务其他途径与形式

人民享有管理国家和社会事务的权利，还可以通过其他途径和方式实现，这些具体途径和方式大致包括四种：（1）通过"多党合作、政治协商"制度参与国家事务管理。（2）通过基层民主和群众自治等形式，管理社会、经济和文化事业；如通过村民委员会和居民委员会的形式管理基层社会事务，通过企业职工代表大会管理经济事务。（3）通过工会、妇联等群众组织和其他非政府组织形式参与国家和社会管理。（4）通过宪法规定的各项民主政治权利的行使如言论、出版、结社、示威、游行以及对国家机关及其工作人员提出建议、批评和意见等民主监督权利参与国家事务管理。

总之，人民当家作主的民主权利并非是一种抽象权利，而是具有丰富权利内涵的具体权利，从而构成了人民民主的权利制度架构。

---

① 《马克思恩格斯选集》第 2 卷，人民出版社 1972 年版，第 335 页。
② 《列宁选集》第 3 卷，人民出版社 1995 年版，第 211 页。

第二章　人民代表大会：全过程人民民主的制度载体

　　一切权力属于人民的人民主权原则与人民当家作主的根本权利都需要制度作为其载体才能有效实现。在我国，这一制度载体就是人民代表大会。宪法第 2 条第 2 款明确规定："人民行使国家权力的机关是全国人民代表大会和地方各级人民代表大会。"该规定是对我国政权组织形式即政体的确认，因为"没有适当形式的政权机关，就不能代表国家"。① 有什么样的政权，就会有什么样的政权组织形式与之相适应；在资本主义国家，其政权组织形式是"权力制衡"式的议会制；在社会主义国家的中国，政权组织形式则是民主集中制原则下的人民代表大会制。

一、人民代表大会：全过程人民民主的制度载体

　　人民代表大会制度作为新中国人民民主专政政权组织形式，虽是 1954 年宪法首次确立的，但我国政体的形成却经历了一个长期发展的过程。

　　关于政体，毛泽东所下的定义是："那是指的政权构成的形式问题，指的一定的社会阶级取何种形式去组织那反对敌人保护自己的政权机关。没有适当的政权机关，就不能代表国家。"② 习近平指出："中国共产党领导中国人民取得革命胜利后，国家政权应该怎样组织？国家应该怎样治理？这是一个关系到国家前途、人民命运的根本性问题。经过实践探索和理论思考，中国共产党人找到了答案。"③ 毛泽东在 1920 年湖南自治运动中曾提出过"议会"制度作为共和国的政体。在 1924 年至 1927 年第一次国内革命战争时期，当时在党领导的工人运动与农民运动中产生过人民政权组织形式的萌芽，如1925 年省港工人大罢工运动中出现的"罢工工人代表大会"和农民运动中的农民协会。第一次国内革命战争失败后，以毛泽东为代表的共产党人走向了

---

① 《毛泽东选集》第 2 卷，人民出版社 1991 年版，第 677 页。
② 《毛泽东选集》第 2 卷，人民出版社 1991 年版，第 677 页。
③ 习近平：《在中国实行人民代表大会制度是中国人民在人类政治制度史上的伟大创造》，载习近平：《论中国共产党历史》，中央文献出版社 2021 年版，第 93 页。

一条农村包围城市，工农武装割据，夺取全国政权的道路，到 1930 年全国 10 多个省 300 多个县的广大地区，先后建立了大小 15 个革命根据地，建立起了中华苏维埃政权，1931 年 11 月在中华苏维埃第一次全国代表大会上通过了《中华苏维埃共和国宪法大纲》，其中规定了中华苏维埃政权的组织形式为工农兵会议大会，而中华苏维埃共和国之最高政权组织形式为全国工农兵会议（苏维埃）的大会。在第三次国内革命战争时期，在解放区的土地改革运动中，在贫农团和农会的基础上普遍建立了区村乡三级人民代表会议，1946 年 4 月陕甘宁边区第三届参议会第一次大会通过的《陕甘宁边区宪法原则》中明确将边区、县、乡人民代表会议（参议会）确立为人民管理政权机关。1948 年 4 月毛泽东《在晋绥干部会议上的讲话》中指出：这种"基于真正广大群众的意志建立起来的人民代表会议，才是真正的人民代表会议。这样的人民代表会议一经建立，就应当成为当地的人民的权力机关，一切应有的权力必须归于代表会议及其选出的政府委员会。"① 1949 年 3 月 13 日毛泽东在中共七届二中全会上指出："我们是以工农联盟为基础的人民苏维埃，'苏维埃'这个外来语我们不用，而叫做人民代表会议"。② 其实，"人民代表大会"的提法，毛泽东早在 1940 年《新民主主义论》中就建议采用过，他说："中国现在可以采取全国人民代表大会、省人民代表大会、县人民代表大会、区人民代表大会直到乡人民代表大会的系统，并由各级代表大会选举政府。"③ 1948 年 1 月毛泽东为中共中央起草的《关于目前党的政策中的几个重要问题》中指出："中华人民共和国的权力机关是各级人民代表大会及其选出的各级政府。""在将来，革命在全国胜利之后，中央和地方各级政府，都应当由各级人民代表大会选举。"④ 1949 年 9 月 29 日由中国人民政治协商会议第一届全体会议通过的《中国人民政治协商会议共同纲领》才正式确认人民代表大会制度为国家政权组织形式，但是《中国人民政治协商会议共同纲领》第 13 条和第 14 条规定：在普选的全国人民代表大会召开之前，由中国人民政治协商会议的全体会议执行全国人民代表大会的职权；在普选的地方人民代表大会召开之前，由地方各界人民代表会议逐步地代行人民代表大会的职权。直到 1954 年宪法才最终将人民代表大会作为新中国的政权组织形式，该宪法第 2 条第 1 款规定："中华人民共和国的一切权力属于人民。人民行使权力的

---

① 《毛泽东选集》第 4 卷，人民出版社 1991 年版，第 1308 页。
② 《毛泽东文集》第 5 卷，人民出版社 1996 年版，第 265 页。
③ 《毛泽东选集》第 2 卷，人民出版社 1991 年版，第 677 页。
④ 《毛泽东选集》第 4 卷，人民出版社 1991 年版，第 1272、1273 页。

机关是全国人民代表大会和地方各级人民代表大会。"习近平同志在总结人民代表大会制度确立的历史经验时深刻指出:"在中国实行人民代表大会制度,是中国人民在人类政治史上的伟大创造,是深刻总结近代以后中国政治生活惨痛教训得出的基本结论,是中国社会一百多年激越变革、激荡发展的历史结果,是中国人民翻身作主、掌握自己命运的必然选择。"①

人民代表大会制度作为我国的根本政治制度,在制度设计与安排上始终贯彻国家的一切权力属于人民的宪法理念。详言之,我国人民代表大会制度从三个方面体现着一切权力属于人民民主权利的宪法原则:第一,全国人大与地方各级人大都由民主选举产生,对人民负责,受人民监督;第二,各级人大及其常委会集中行使宪法赋予的职权,遵循民主集中制原则,集中人民的共同意志,代表人民的根本利益,集体决定重大问题;第三,国家主席、行政机关、监察机关、审判机关、检察机关都由人大产生,对人大负责,受人大监督。毛泽东同志对此指出:"我们的主席、总理,都是由全国人民代表大会产生出来的,一定要服从全国人民代表大会。"② 我国宪法确立的人民代表大会制度安排保证了人民代表大会的权力集中,同时又在集中之下实现权力分工,而所有的国家机关最终向人民负责,接受人民的监督,从而实现"一切权力属于人民"的人民主权原则,从制度上确保了人民真正当家作主,是实现好、维护好和发展好最广大人民根本利益最可靠的制度保证。习近平指出:"60多年来特别是改革开放40多年来,人民代表大会制度为党领导人民创造经济快速发展奇迹和社会长期稳定奇迹提供了重要制度保障。"③

人民代表大会制度从人民通过民主选举产生人大代表组成各级人大,到人大及其代表代表人民行使国家权力,再到人民对各级人大及其代表的履职行为进行监督,保证了这种民主制全流程、全方位地贯彻了人民民主以及人民当家作主的宪法原则。因此,习近平在中央人大工作会议上的讲话中提出了"人民代表大会制度是实现我国全过程人民民主的重要制度载体"④ 的新的重大政治判断与政治理念,这一理念是党的十八大以来执政党深化对民主政治发展规律的认识的结晶,它"拓展和深化了人民代表大会制度的科学内涵、特征优势和实践要求,对新时代坚持和完善人民代表大会制度、加强和

---

① 习近平:《在庆祝全国人民代表大会成立六十周年大会上的讲话》,载习近平:《论坚持人民当家作主》,中央文献出版社2021年版,第72—73页。

② 中共中央文献研究室编:《毛泽东年谱(1949—1976)》第2卷,中央文献出版社2013年版,第228页。

③ 习近平:《在中央人大工作会议上的讲话》,载《当代党员》2022年第6期,第4页。

④ 习近平:《论坚持人民当家作主》,中央文献出版社2021年版,第337页。

改进人大工作提出了更高要求"。①

二、民主集中制：人民民主实现的组织原则

（一）作为党的组织原则的民主集中制的含义

民主集中制最早是作为中国共产党的指导原则出现的，1927 年 6 月 1 日中央政治局会议决案《中国共产党第三次修正章程决案》第 12 条明确规定："党部的指导原则为民主集中制。"② 作为党的组织原则是在 1928 年 7 月中国共产党第六次全国代表大会通过的《中国共产党章程》中正式确立的，第 7 条规定："中国共产党与共产国际的其他支部一样，其组织原则为民主集中制。"同时还确立了民主集中制的根本原则，即：

（1）下级党部与高级党部由党员大会、代表会议及全国大会选举之。

（2）各级党部对选举自己的党员，应作定期的报告。

（3）下级党部一定要承认上级党部的决议，严守党纪，迅速且切实的执行共产国际执行委员会和党的指导机关之决议。管辖某一区域的组织，对该区域的各部份的组织为上级机关。党员对党内某个问题，只有在相当机关对此问题的决议未通过以前可以举行争论。共产国际代表大会或本党代表大会或党内指导机关所提出的某种决议，应无条件的执行，即或某一部份的党员或几个地方组织不同意于该项决议时，亦应无条件的执行。③

上述规定，首次将民主集中制作为党的组织原则提出，自此之后，民主集中制即一直被视为党的组织原则或根本组织原则。然而，党的六大党章关于该原则的具体内容规定得比较笼统，第 1、2 项是关于"民主"的表述，第 3 项是关于"集中"的表述。

民主集中制原则中的"四个服从"内容以党的文件的形式正式表述则是

---

① 汪洋：《更好发挥人民代表大会制度在实现全过程人民民主中重要制度载体的作用》，载《中国人大》2022 年第 1 期，卷首语。

② 中央纪委编：《列宁 毛泽东 邓小平论民主集中制》，中国方正出版社 2003 年版，第279 页。

③ 同上书，第 282—283 页。

1945 年 6 月 11 日党的第七次全国代表大会通过的《党章》第一次提出的,[①]它除了在"总纲"中规定"中国共产党是按民主集中制组织起来的"外,第 14 条将六大《党章》中的"基本原则"修改为"基本条件"。严格说,"原则"与"条件"都强调一种准则或标准,其内涵基本一致。该条规定:

党的组织机构是按照民主的集中制建设起来的。民主的集中制,即是在民主基础上的集中和在集中领导下的民主,其基本条件如下:

(一)党的各级领导机关由选举制产生。

(二)党的各级领导机关向选举自己的党的组织作定期的工作报告。

(三)党员个人服从所属党的组织,少数服从多数,下级组织服从上级组织,部分组织统一服从中央。

(四)严格地遵守党纪和无条件地执行决议。[②]

党的七大通过的《党章》所确立的民主集中制的"基本条件"具有三大特点:一是名称叫"民主的集中制"而不是"民主集中制",显然,"民主的集中制"的实质在于"集中制";二是它首次给"民主的集中制"作出了规范性界定,将其概括为"民主基础上的集中"与"集中领导下的民主",民主的集中制强调的集中的基础是"民主"的而非其他的形式;这种"民主"是在"集中"的"领导"下展开的,仍然突出"集中"制;三是第一次提出了"四个服从"的原则。

民主集中制原则的确切表述则是 1956 年 9 月 25 日中国共产党第八次全国代表大会通过的《党章》,其基本含义除了在"总纲"中规定外,第 19 条重申了"总纲"中的基本含义,并确立了其基本条件。《党章》总纲指出:"中国共产党的组织原则是民主集中制。这就是在民主基础上的集中和在集中指导下的民主。"第 19 条规定:

党是按照民主集中制组织起来的。

民主集中制,就是在民主基础上的集中和在集中指导下的民主。它的基

---

① 实际上,"四个服从"是毛泽东同志 1938 年 9 月在党的六届六中全会上针对张国焘分裂党的错误行为,首次提出了"四个服从",他指出:"鉴于张国焘严重地破坏纪律的行为,必须重申党的纪律:(一)个人服从组织;(二)少数服从多数;(三)下级服从上级;(四)全党服从中央。谁破坏了这些纪律,谁就破坏了党的统一。"在延安整风运动期间,毛泽东又以张国焘所犯错误为反面教材,强调每一个党员都必须遵守"四个服从"的纪律。党的七大以后,党的历次代表大会通过的党章均规定了"四个服从",并把它作为民主集中制的首要原则。

② 中央纪委编:《列宁、毛泽东、邓小平论民主集中制》,中国方正出版社 2003 年版,第 288—289 页。

本条件如下：

（一）党的各级领导机关都由选举产生。

（二）党的最高领导机关是全国代表大会，在地方范围内是地方各级代表大会。全国代表大会和地方各级代表大会选举中央委员会和地方各级委员会，这些委员会向代表大会负责并且报告工作。

（三）党的各级领导机关必须经常听取下级组织和党员群众的意见，研究他们的经验，及时地解决他们的问题。

（四）党的下级组织必须定期向上级组织报告工作。下级组织的工作中应当由上级组织决定的问题，必须及时向上级请求指示。

（五）党的各级组织实行集体领导和个人负责相结合的原则，任何重大问题都由集体决定，同时使个人充分发挥应有的作用。

（六）党的决议必须无条件地执行。党员个人必须服从党的组织，少数必须服从多数，下级组织必须服从上级组织，全国的各个组织必须统一服从全国代表大会和中央委员会。

邓小平同志在 1956 年中共八大所作的《关于修改党的章程的报告》中指出："民主集中制是我们党的列宁主义的组织原则，是党的根本的组织原则，也是党的工作中的群众路线在党的生活中的应用。在党章草案的总纲和第二章中，对于党的民主集中制作了比较充分的规定。这些规定，是我们党组织生活的多年来经验积累的结果。"[1]

党的八大通过的《党章》将七大《党章》中的"民主的集中制"修改为"民主集中制"，同时把"集中领导下的民主"修改为"指导下的民主"。这种修正将过度突出的"集中制"转向"既集中，又民主"，同时突出民主集中制中的"民主"与"集中"两大原则。针对这种转变，有学者指出："集中指导下的民主"与"集中领导下的民主"虽然只有一字之差，却反映了性质的不同，"领导"一般用于组织系统内部，具有较强的必须服从的意思；"指导"一般用于意识形态领域，主要是思想上的遵循和指引。所以，"集中领导下的民主"是与"民主的集中制"相适应的；"集中指导下的民主"是与"民主集中制"相适应的。这是党对民主集中制认识的一大提高，即不再把民主集中制理解为民主的集中制，也就是集中制。[2]此外，八大《党章》

---

① 南方网：http://news.southcn.com/ztbd/16thcpc/constitution/200211071007.htm，最后访问时间：2023 年 6 月 16 日。

② 黄晓辉：《论民主集中制的性质、内涵和实行》，载《中国特色社会主义研究》2016 年第 5 期，第 41 页。

将七大《党章》中的"部分组织统一服从中央"修改为"全国的各个组织必须统一服从全国代表大会和中央委员会",既强调了中央的集中统一领导,又明确了"中央"的具体指向,即党的全国代表大会和中央委员会。

从党的九大《党章》到党的十大《党章》,虽均规定"党的组织原则是民主集中制",但首先确立的是"民主"原则即"党的各级领导机关由民主协商、选举产生",其次确立"集中"原则,即"全党必须服从统一的纪律:个人服从组织,少数服从多数,下级服从上级,全党服从中央"。

然而,自党的十一大《党章》始,在规定"党是按照民主集中制组织起来的"外,首先强调的是"集中",即"全党必须服从民主集中制的纪律:个人服从组织,少数服从多数,下级服从上级,全党服从中央";其次才规定"民主"原则。

党的十二大是党的十一届三中全会以来,党在指导思想上完成了拨乱反正的历史任务之后召开的一次具有划时代意义的重要会议,十二大通过的《党章》提出了两个"高度":一是"高度民主";二是"高度集中"[1],具体表述是:"在高度民主的基础上实行高度的集中",这种表述虽然强调"民主"与"集中"两大原则,但实则仍突出"高度集中"原则,这从民主集中制的第一个原则即"四个服从"原则即可体现出来;当然也有的学者认为:"这一重大修正在理论上意义非常巨大。它第一次明确地把民主提高到与集中同等的地位"。[2] 同时,《党章》首次将"民主集中制的基本条件"修改为"民主集中制的基本原则",从而将"民主集中制"的基本含义表达得更加清晰。十二大《党章》第10条规定:

党是根据自己的纲领和章程,按照民主集中制组织起来的统一整体。它在高度民主的基础上实行高度的集中。党的民主集中制的基本原则是:

(一)党员个人服从党的组织,少数服从多数,下级组织服从上级组织,全党各个组织和全体党员服从党的全国代表大会和中央委员会。

(二)党的各级领导机关,除它们派出的代表机关和在非党组织中的党组

---

[1] 两个"高度"最早是由毛泽东同志在1945年党的七大上作结论时提出来的,他谈到民主集中制问题时专门提出了"高度的民主,高度的集中"的民主集中制,他说,"我想可以叫做高度的民主,高度的集中";"民主要有很高程度的民主,集中也要有很高程度的集中,这两个东西有没有矛盾呢? 有矛盾的,但是可以统一的,民主集中制就是这两个带着矛盾性的东西的统一"(参见《毛泽东文集》第3卷,人民出版社1996年版,第398—399页);1962年毛泽东《在扩大的中央工作会议上的讲话》中又指出,"没有高度的民主,不可能有高度的集中"(中央纪委编:《列宁毛泽东邓小平论民主集中制》,中国方正出版社2003年版,第8页)。

[2] 顾建键等:《民主集中制建设论析》,上海交通大学出版社2000年版,第107页。

外，都由选举产生。

（三）党的最高领导机关，是党的全国代表大会和它所产生的中央委员会。党的地方各级领导机关，是党的地方各级代表大会和它们所产生的委员会。党的各级委员会向同级的代表大会负责并报告工作。

（四）党的上级组织要经常听取下级组织和党员群众的意见，及时解决他们提出的问题。党的下级组织既要向上级组织请示和报告工作，又要独立负责地解决自己职责范围内的问题。上下级组织之间要互通情报、互相支持和互相监督。

（五）党的各级委员会实行集体领导和个人分工负责相结合的制度。凡属重大问题都要由党的委员会民主讨论，作出决定。

（六）党禁止任何形式的个人崇拜。要保证党的领导人的活动处于党和人民的监督之下，同时维护一切代表党和人民利益的领导人的威信。

党的十四大通过的《党章》"总纲"与第 10 条关于"民主集中制"原则的规定①，除了取消了十二大《党章》中的两个"高度"的修饰词外，还明确地表达了"民主集中制"的基本含义，即"民主集中制是民主基础上的集中和集中指导下的民主相结合"，这一含义重新回到了党的八大确立的民主集中制中的"民主"与"集中"两大原则上来，不过，十四大《党章》与八大《党章》之差异在于是否强调"相结合"：八大《党章》虽然突出了"民主与集中"两大原则，但未像十四大《党章》一样明确将"民主集中制"表述为民主与集中"相结合"，相互结合之意味在于二者互为前提，同等重要。

从党的十五大通过的《党章》到二十大通过的《党章》关于民主集中制原则的表述与规定基本与十四大通过的《党章》表述与规定是一致的，除了

----

① 党的十四大《党章》第 10 条关于民主集中制的六大基本原则内容几乎完全与十二大《党章》一致。第 10 条规定：党是根据自己的纲领和章程，按照民主集中制组织起来的统一整体。党的民主集中制的基本原则是：（一）党员个人服从党的组织，少数服从多数，下级组织服从上级组织，全党各个组织和全体党员服从党的全国代表大会和中央委员会。（二）党的各级领导机关，除它们派出的代表机关和在非党组织中的党组外，都由选举产生。（三）党的最高领导机关，是党的全国代表大会和它所产生的中央委员会。党的地方各级领导机关，是党的地方各级代表大会和它们所产生的委员会。党的各级委员会向同级的代表大会负责并报告工作。（四）党的上级组织要经常听取下级组织和党员群众的意见，及时解决他们提出的问题。党的下级组织既要向上级组织请示和报告工作，又要独立负责地解决自己职责范围内的问题。上下级组织之间要互通情报、互相支持和互相监督。党的各级组织要使党员对党内事务有更多的了解和参与。（五）党的各级委员会实行集体领导和个人分工负责相结合的制度。凡属重大问题都要由党的委员会集体讨论，作出决定；委员会成员要根据集体的决定和分工，切实履行自己的职责。（六）党禁止任何形式的个人崇拜。要保证党的领导人的活动处于党和人民的监督之下，同时维护一切代表党和人民利益的领导人的威信。

总纲中规定"坚持民主集中制"的原则外，均在第 10 条规定了六大内容的民主集中制基本原则的含义。党的二十大通过的《党章》，确立了党中央关于民主集中制原则基本含义的最新表述：①

"总纲"指出：

"坚持民主集中制。民主集中制是民主基础上的集中和集中指导下的民主相结合。它既是党的根本组织原则，也是群众路线在党的生活中的运用。必须充分发扬党内民主，尊重党员主体地位，保障党员民主权利，发挥各级党组织和广大党员的积极性创造性。必须实行正确的集中，牢固树立政治意识、大局意识、核心意识、看齐意识，坚定维护以习近平同志为核心的党中央权威和集中统一领导，保证全党的团结统一和行动一致，保证党的决定得到迅速有效的贯彻执行。加强和规范党内政治生活，增强党内政治生活的政治性、时代性、原则性、战斗性，发展积极健康的党内政治文化，营造风清气正的良好政治生态。党在自己的政治生活中正确地开展批评和自我批评，在原则问题上进行思想斗争，坚持真理，修正错误。努力造成又有集中又有民主，又有纪律又有自由，又有统一意志又有个人心情舒畅生动活泼的政治局面。"

第 10 条规定：

党是根据自己的纲领和章程，按照民主集中制组织起来的统一整体。党的民主集中制的基本原则是：

（一）党员个人服从党的组织，少数服从多数，下级组织服从上级组织，全党各个组织和全体党员服从党的全国代表大会和中央委员会。

（二）党的各级领导机关，除它们派出的代表机关和在非党组织中的党组外，都由选举产生。

（三）党的最高领导机关，是党的全国代表大会和它所产生的中央委员会。党的地方各级领导机关，是党的地方各级代表大会和它们所产生的委员会。党的各级委员会向同级的代表大会负责并报告工作。

（四）党的上级组织要经常听取下级组织和党员群众的意见，及时解决他们提出的问题。党的下级组织既要向上级组织请示和报告工作，又要独立负责地解决自己职责范围内的问题。上下级组织之间要互通情报、互相支持和互相监督。党的各级组织要按规定实行党务公开，使党员对党内事务有更多的了解和参与。

（五）党的各级委员会实行集体领导和个人分工负责相结合的制度。凡属

---

① 《中国共产党第十九次全国代表大会文件汇编》，人民出版社 2017 年版，第 77、83—84 页。

重大问题都要按照集体领导、民主集中、个别酝酿、会议决定的原则，由党的委员会集体讨论，作出决定；委员会成员要根据集体的决定和分工，切实履行自己的职责。

（六）党禁止任何形式的个人崇拜。要保证党的领导人的活动处于党和人民的监督之下，同时维护一切代表党和人民利益的领导人的威信。

二十大《党章》关于民主集中制的规定，第一，继承了自党的八大以来关于民主集中制的基本含义的表述，即民主集中制是"民主基础上的集中和集中指导下的民主相结合"，这一表述，既强调民主的集中，又重视集中的民主，这一含义为党的基本文件所共同确认。① 第二，明确了民主集中制的标准是"正确的集中"。第三，明确了"四个服从"，其核心是"全党各个组织和全体党员服从党的全国代表大会和中央委员会"。② 第四，确认了民主集中制中的"民主"即党内民主的基本内涵。第五，集中制的方式是实行集体领导和个人分工负责相结合的制度。第六，确立对党的领导人实行党内监督与人民监督制度。

（二）党的民主集中制的实质是确立党中央集中权威

作为党的根本组织原则的民主集中制，其实质是确立党中央的集中权威。

从词义结构上分析。"民主集中制"一词的含义应该是"民主的集中制"。有学者指出，在俄语中，"民主集中制"是这样一个复合词："Демакрический централзм"，其中 Демакрический 是形容词，即"民主的"之义；后者"централзм"是名词，是"集中（制）""集权制""中央集权制"或"集权主义"之义。两个词合成一个词，译为"民主的集中"，是准确无误的，不会产生歧义。③ 英语中关于"民主集中制"的翻译是 democratic centralism，其中 democratic 是形容词，译为"民主的"；centralism 是名词，译为"集中制"，合起来即是"民主的集中制"，词义十分明确，不会产生歧义。此外，在我们

---

① 党的十九大报告指出："完善和落实民主集中制的各项制度，坚持民主基础上的集中和集中指导下的民主相结合，既充分发扬民主，又善于集中统一。"另参见《中共中央关于加强党的建设几个重大问题的决定》，载中共中央办公厅法规局编：《中央党内法规和规范性文件汇编》（下册），法律出版社 2017 年版，第 637 页。

② 《关于新形势下党内政治生活的若干准则》，载中共中央办公厅法规局编：《中央党内法规和规范性文件汇编》（下册），法律出版社 2017 年版，第 661 页；1994 年《中共中央关于加强党的建设几个重大问题的决定》中就明确指出："'四个服从'最重要的是全党服从中央"；2009 年《中共中央关于加强和改进新形势下党的建设若干重大问题的决定》中重申："四个服从""最重要的是坚持全党服从中央"。

③ 王贵秀：《民主集中制的由来与含义新探》，载《理论前沿》2002 年第 8 期，第 10 页。

党的文献中，也有提到"民主的集中制"。在党的"七大"通过的党章中就有三处使用的是"民主的集中制"。总纲中写道："中国共产党是按民主的集中制组织起来的。"第二章"党的组织机构"第14条规定："党的组织机构，是按照民主的集中制建设起来的。"随后紧接着规定："民主的集中制，即是在民主基础上的集中和集中领导下的民主。"① 由此可知，在词义上，民主集中制就是"民主的集中制"，民主是来限定集中制的，而不是民主制和集中制的并列结合。因而，民主集中制强调的是集中制，也就是党中央的集中权威。

从"民主集中制"思想的由来与发展分析。列宁最初提出党的组织原则是集中制，1899年列宁在《我们的当前任务》一文中首先提出，新型无产阶级政党必须按照集中制原则组织起来，他指出："我们的任务是组织无产阶级的阶级斗争"，为了实现这个任务，"必须成立统一的因而也是集中制的党"②。列宁指出，无产阶级"所以能够成为而且必然会成为不可战胜的力量，就是因为它根据马克思主义原则形成的思想一致是用组织的物质统一来巩固的，这个组织把千百万劳动者团结成一支工人阶级的大军"。③ 不仅为了"彻底摆脱狭隘的地方分散性"，必须建立统一的"集中制的党"，④ 必须以"集中制思想""作为建党基础的基本思想"，⑤ 而且在"激烈的国内战争时代，共产党必须按照高度集中的方式组织起来，在党内实行像军事纪律那样的铁的纪律，党的中央机关必须拥有广泛的权力，得到全体党员的普遍信任，成为一个有权威的机构。"⑥ 为此，列宁提出了民主集中制的核心原则，即少数服从多数、地方党委和党员个人服从中央。列宁指出："没有组织就不可能有统一。没有少数服从多数就不可能有组织。"⑦ "没有少数服从多数，就不可能有稍微称得上工人党的党。"⑧ 少数服从多数"是党的一般组织原则"。⑨ 同时，列宁主张：党的委员会集权制的最高体现即中央委员会领导一切，他指出，"中央委员会的力量和权力，党的坚定性和纯洁性——这就是实质所在"。⑩ 只有中央委员会"完全掌握了各个地方委员会的全俄集中的革命家组

① 叶卫平：《西方"列宁学"研究》，中国人民大学出版社1991年版，第60页。
② 《列宁全集》第4卷，人民出版社1984年版，第191、193页。
③ 《列宁选集》第1卷，人民出版社1995年版，第526页。
④ 《列宁全集》第4卷，人民出版社1984年版，第67页。
⑤ 《列宁全集》第8卷，人民出版社1986年版，第236页。
⑥ 《列宁全集》第39卷，人民出版社1986年版，第202页。
⑦ 《列宁全集》第25卷，人民出版社1988年版，第185页。
⑧ 《列宁全集》第9卷，人民出版社1987年版，第5页。
⑨ 《列宁全集》第9卷，人民出版社1987年版，第152页。
⑩ 《列宁文稿》第1卷，人民出版社1977年版，第210页。

织，才能够预见无产阶级的政治斗争，对斗争有所准备，并走在群众的前面"。① 列宁认为："集中制要求中央和党的最遥远、最偏僻的部分之间没有任何壁障……我们的中央有直接掌握每一个党员的绝对权力。"② 针对一些人想用部分党员拒绝中央委员会的领导要挟党，列宁强调："世界上任何一个党内的任何一个中央机关，都不能证明自己有本领对那些不愿意服从领导的人进行领导。拒绝服从中央机关的领导，就等于拒绝留在党内，就等于破坏党——这不是说服办法，而是破坏办法。用破坏方法来代替说服方法，这就表明自己没有坚定的原则性，也就是表明对自己的思想没有信念。"③ 因此，"我们的任务是要让中央委员会把实在的控制权掌握在手里"。④列宁于 1920 年 7 月为共产国际第二次代表大会起草的《加入共产国际的条件》中，在第 13 条明确规定："加入共产国际的党，应该是按照民主集中制的原则建立起来的。在目前激烈的国内战争时代，共产党只有按照高度集中的方式组织起来，在党内实行近似军事纪律那样的铁的纪律，党的中央机关成为拥有广泛的权力、得到党员普遍信任的权威性机构，只有这样，党才能履行自己的职责。"⑤ 该条最终被载入共产国际章程，从此，民主集中制就成为各国无产阶级政党公认的组织原则。因此，列宁的民主集中制思想的核心就是党中央的集中统一权威。

从新中国成立以来的 70 多年看，党的民主集中制之实质也在于党中央的集中统一领导。前文分析"集中"的含义时，已经对毛泽东的民主集中制思想作过分析。邓小平 1956 年在党的八大上作《关于修改党的章程的报告中》总结说："一切发展党内民主的措施都不是削弱党的必需的集中，而是为了给它强大的生气勃勃的基础，这是我们大家都充分明了的。"⑥ 换言之，民主集中制之民主始终是集中的基础，民主之目的在于党的正确集中。2009 年党的十七届四中全会通过的《中共中央关于加强和改进新形势下党的建设若干重大问题的决定》中明确指出："维护党的集中统一"，坚持四个服从，"其中最重要的是坚持全党服从中央"。⑦ 尤其是党的十八大以来，党的民主集中制原则更加突出强调党中央的集中统一领导。2016 年党的十八届六中全会通过

①　《苏联共产党历史》第 1 卷，上海人民出版社 1983 年版，第 631—632 页。
②　《列宁全集》第 6 卷，人民出版社 1986 年版，第 441 页。
③　《列宁全集》第 7 卷，人民出版社 1986 年版，第 356 页。
④　《列宁全集》第 6 卷，人民出版社 1986 年版，第 458 页。
⑤　《列宁全集》第 39 卷，人民出版社 1986 年版，第 202 页。
⑥　《邓小平文选》第 1 卷，人民出版社 1994 年版，第 234 页。
⑦　中共中央办公厅法规局编：《中央党内法规和规范性文件汇编》（下册），法律出版社 2017 年版，第 651 页。

的《关于新形势下党内政治生活的若干准则》强调"坚持维护党中央权威",坚持四个服从,其"核心是全党各个组织和全体党员服从党的全国代表大会和中央委员会"。2019 年 1 月《中共中央关于加强党的政治建设的意见》指出:"坚持和加强党的全面领导,最重要的是坚决维护党中央权威和集中统一领导;坚决维护党中央权威和集中统一领导,最关键的是坚决维护习近平总书记党中央的核心、全党的核心地位。"① 《中国共产党纪律处分条例》第 2 条直接把"坚持和加强党的全面领导,坚决维护习近平总书记党中央的核心、全党的核心地位,坚决维护党中央权威和集中统一领导"作为党的政治组织纪律,对"违反民主集中制原则"的行为,依据第 70 条规定将给予组织纪律处分。②

在严格意义上,"民主"的过程本身就是"集中"的过程,把分散的、个体的对事物的认识集中在一起,形成多数人的倾向性认识,这一过程本身就是集中的过程。民主的程序原则是"少数服从多数",民主集中制最本质的规定性在于"少数服从多数"这一组织规则,只有"少数服从多数"作为内在基础,才能使民主集中制成为真正意义上的民主集中制,才能使之既与专制集中制区别开来,又与无政府主义区别开来。

(三)宪法文本中的"民主集中制"概念阐释

现行宪法第 3 条规定了"民主集中制"原则:

中华人民共和国的国家机构实行民主集中制的原则。

全国人民代表大会和地方各级人民代表大会都由民主选举产生,对人民负责,受人民监督。

国家行政机关、监察机关、审判机关、检察机关都由人民代表大会产生,对它负责,受它监督。

中央和地方的国家机构职权的划分,遵循在中央的统一领导下,充分发挥地方的主动性、积极性的原则。

民主集中制从党的根本组织原则上升为宪法上的国家机构根本组织原则,二者之间有何差异?是否把《党章》中的民主集中制原则径直适用于《宪法》中的民主集中制?政治学者林尚立教授明确指出:现代国家建设和运行层面的民主集中制与具有高度组织性和纪律性的党内政治生活原则的民主集

---

① 《中共中央关于加强党的政治建设的意见》,载《光明日报》2019 年 2 月 28 日,第 3 版。
② 《中国共产党纪律处分条例》,载《光明日报》2018 年 8 月 27 日,第 3 版。

中制有所不同，党内政治生活中的民主集中制是建立在党内纪律基础上的，其集中是民主与纪律的统一，纪律往往最终成为集中的保障；而作为国家政治生活的民主集中制是建立在人民民主基础上的，其集中是民主生活与法律制度的统一，集中只有在民主与法治的基础上才有保障与权威。这表明作为党内政治生活的民主集中制与作为国家政治生活原则的民主集中制是不能相互替代的。① 笔者完全赞同上述观点，毕竟党组织与国家机构组织是两种性质不同的组织，其组织原则的要求不同，党的组织原则的基本要求是"服从"，即个人服从组织、下级服从上级、全党服从中央；党组织强调"纪律"，党的纪律是"党的各级组织和全体党员必须遵守的行为规则"。② 因此，党的民主集中制之实质是维护党中央的权威与统一领导。国家机构组织是由人民直接或间接选举产生，最终都向人民负责：其中人大由人民选举产生并向人民负责；其他国家机构组织（包括国家行政机关、监察机关、审判机关、检察机关）是由行使国家权力的机关即人民代表大会间接选举产生并向人大负责，国家主席与中央军委主席是由全国人大选举产生并向其负责，它们都向人大负责，在终极意义上而言，亦即向人民负责。国家机构组织都是人民民主的产物，所有国家机关都必须遵守宪法和法律，依法治国，尊重和保障人权。因此，国家层面上的民主集中制的实质是维护全国人民代表大会的最高法律权威与集中统一行使国家权力。

上述关于宪法中的"民主集中制"的规定，是分四个条款展开的：第一条款是关于国家机构实行民主集中制原则的一般性概括条款；第二条款是关于国家权力机关与人民之间的关系，是全国人大与地方人大产生的"民主"原则的体现；第三条款则蕴含两层含义：一是关于其他国家机关产生的民主原则的体现，二是表明人大集中统一行使国家权力，遵循集中原则；第四条款是关于中央和地方的国家机构职权的划分方面如何遵循民主集中制原则的规定，中央的统一领导是"集中"，地方的主动性、积极性是"民主"。事实上，我国宪法文本并未就"民主集中制"的含义作出过任何界定，全国人大常委会也未作出过任何宪法解释。肖蔚云教授对此指出：我国"宪法都讲了要实行民主集中制，但什么是'民主集中制'宪法从来没有规定。也有人认为要把它具体化，不容易写好，还不如不写。经过讨论，并参考了我国1949年的共同纲领和外国宪法的写法，宪法在第三条第二、第三、第四款中，从

---

① 林尚立：《中国民主的政治逻辑：以人民政协为中心的考察》，载韩冬梅、杨国军、叶明主编《人民政协与协商民主》，中央文献出版社2015年版，第32页。

② 《中国共产党章程》（2019年10月24日党的十九大通过）第39条。

三个方面把民主集中制原则具体化"。①

宪法第 3 条的规定,归纳起来有两大问题需要澄清:第一,何谓宪法意义上的"民主集中制"? 其含义是什么? 第二,宪法上的"民主集中制"是如何展开的? 是否足以"承担国家机构组织原则的功能"? 是否足以解答中国的国家机关组织、权力配置和运作方式上的诸多问题?② 本部分仅就民主集中制的宪法意义展开讨论,其展开及其功能将在下文予以进一步探讨。

前文讨论过,宪法上的"民主集中制"原则的前生今世皆直接源自作为党的根本组织原则的"民主集中制",国家机构意义上的民主集中制是中国共产党在全国执政后把这种制度运用于政权建设上的具体体现。作为党的组织原则的"民主集中制"基本内涵即"民主基础上的集中和集中指导下的民主相结合"在民主集中制成为宪法上的基本原则之后,其含义基本没有改变。1979 年邓小平在党的理论工作务虚会上的讲话中曾指出:"我们实行的是民主集中制,这就是民主基础上的集中和集中指导下的民主相结合。民主集中制是社会主义制度的一个不可分的组成部分。在社会主义制度下,个人利益要服从集体利益,局部利益要服从整体利益,暂时利益要服从长远利益。在社会主义制度下,归根到底,个人利益和集体利益是统一的,局部利益和整体利益是统一的,暂时利益和长远利益是统一的。民主和集中的关系,权利和义务的关系,归根到底,就是以上所说的各种利益的相互关系在政治上和法律上的表现。"③ 邓小平同志这里提到的"民主集中制"就是国家意义上的民主集中制,他依然将民主集中制理解为"民主基础上的集中和集中指导下的民主相结合"的制度。邓小平同志这里的表述与上文所提及的毛泽东关于政府组织形式上的民主集中制含义是一致的;毛泽东同志于 1937 年 10 月和英国记者贝特兰的谈话所表达过"民主制的意义"虽然是一种"代表民主制",而实则是宪法上的"选举(代表)民主制";"集中制的意义"指的是行政权力的集中化行使,也非宪法上的人民通过人大统一行使国家权力的集中制。

民主集中制是人民代表大会活动方式的基本原则,而不是其他国家机关活动方式的基本原则。民主集中制是国家机构组织原则或明确说是人民代表大会的组织原则与活动原则。毛泽东 1937 年在同英国记者贝特兰的谈话中就指出民主集中制是"政府的组织形式";毛泽东 1945 年在《论联合政府》中又指出新民主主义的政权"组织"应该采取民主集中制。邓小平 1962 年指

---

① 肖蔚云:《我国现行宪法的诞生》,北京大学出版社 1986 年版,第 104 页。
② 张翔:《我国国家权力配置原则的功能主义解释》,载《中外法学》2018 年第 2 期,第 288 页。
③ 《邓小平文选》第 2 卷,人民出版社 1994 年版,第 175—176 页。

出："民主集中制是党和国家的最根本的制度，也是我们传统的制度。"① 邓小平这里所说的民主集中制就是指党和国家"组织"原则，因为民主集中制是建党的组织原则，是党的根本组织原则。② 彭真1982年作《关于中华人民共和国宪法修改草案的说明》中指出："宪法修改草案规定，'国家机构实行民主集中制的原则'。这是我们国家的政体。"③ 彭真这里所说的民主集中制就是从政权组织形式即政体而言的。2005年10月我国政府首次发表的《中国的民主政治建设》白皮书明确指出："民主集中制是中国国家政权的根本组织原则和领导原则。实行民主集中制，就是要求充分发扬民主，集体议事，使人民的意愿和要求得到充分表达和反映，在此基础上集中正确意见，集体决策，使人民的意愿和要求得以落实和满足。实行民主集中制，还要求'尊重多数，保护少数'，反对无政府主义的'大民主'，反对把个人意志凌驾于集体之上。"④ 1983年由吴家麟主编的司法部统编教材《宪法学》明确指出：我国宪法关于"国家机构实行民主集中制的原则"规定确认了"民主集中制是人民代表大会的组织和活动原则"。⑤ 该教材明确主张民主集中制是人大的"组织"原则与人大的活动原则。马克思主义理论研究和建设工程重点教材《宪法学》也指出："社会主义国家政权组织形式（即人民代表大会——笔者注）是按照民主集中制原则组织和活动的。"⑥ 从立宪者与中国政府文件的表述看，其基本观点是一致的，即认为民主集中制是国家机构的组织原则以及人大的活动原则。

总之，宪法上的民主集中制原则是中国国家机构的组织原则，是人大这一组织的活动方式的原则；它不是其他国家机关的内部活动方式原则。民主集中制作为我国政权组织形式的根本原则，是与资本主义国家的"三权分立"原则相对立的。"权力分立与制衡"是西方议会或国会的根本组织原则，而我国社会主义国家的人民代表大会制度的根本组织原则就是民主集中制。人民代表大会制度与民主集中制是一体的，因为主权在民原则在我国宪法中表述为"中华人民共和国的一切权力属于人民"，这是我国人民代表大会制度的本质，而民主集中制则是我国人大这一根本制度的组织原则，即宪法以此为原

---

① 《邓小平文选》第1卷，人民出版社1994年版，第312页。

② 《邓小平文选》第2卷，人民出版社1994年版，第225页。

③ 彭真：《关于中华人民共和国宪法修改草案的说明》，参见中国人大网，http：//www. npc. gov. cn/wxzl/gongbao/2000－12/26/content_ 5001302. htm，2023年6月17日访问。

④ 《中国的民主政治建设》白皮书，中国人大网，http：//www. npc. gov. cn/npc/xinwen/fztd/fzsh/2005－10/19/content_ 342038. htm，2023年6月17日访问。

⑤ 吴家麟主编：《宪法学》，群众出版社1983年版，第185页。

⑥ 《宪法学》编写组：《宪法学》，高等教育出版社、人民出版社2011年版，第118页。

则组织起人民代表大会制度。一个表明国体，一个表明政体，从根本上说，我国各级人民代表大会制度就是通过民主集中制这种组织方式达到国家权力属于人民的目的。主权在民原则解决的是政府权力的来源与合法性问题，而民主集中制解决的是政权的组织形式问题，相得益彰。民主的本意就是多数人的统治，少数服从多数是民主的核心，又是实现集中的手段。民主就是在集中原则下反映整体与个体意志之间的关系。

（四）权力集中与分工负责：中国特色国家权力配置模式与规则

新中国成立后，中国共产党由一个领导中国人民争取民主与民族独立斗争的革命党转变成为领导中国人民建设社会主义事业的执政党，执政党十分自然地就将其建设党的经验与基本原则运用于建设国家政权上。按照建党的根本组织原则即民主集中制原则，也要在国家权力层面确立一个国家权力集中统一行使的国家机关；然后遵循党内个人分工负责的原则，由国家权力机关产生其他国家机关，分工负责国家行政事务、国家监察事务、国家审判事务、国家检察事务、国家军事事务、国家元首事务，从而形成了由人民代表大会集中统一行使国家权力、人民政府行使行政权、监察委行使监察权、人民法院行使审判权、人民检察院行使检察权、中央军委行使军事权、国家主席行使国家元首权的具有中国特色的国家权力配置模式。

关于国家机构的设置，彭真同志在作 1982 年宪法修改草案的报告中指出，是根据民主集中制的原则和我国三十多年来政权建设的经验进行的，对此他提出了三个方面的原因：

第一，我们国家政治体制的改革和国家机构的设置，都应当是从政治上和组织上保证全体人民掌握国家权力，真正成为国家的主人。根据这个原则，从中央来说，主要是加强全国人民代表大会。我国国大人多，全国人大代表的人数不宜太少；但是人数多了，又不便于进行经常的工作。全国人大常委会是人大的常设机关，它的组成人员也可以说是人大的常务代表，人数少，可以经常开会，进行繁重的立法工作和其他经常工作。所以，适当扩大全国人大常委会的职权是加强人民代表大会制度的有效办法。从地方来说，主要是加强各级地方政权（包括基层政权）的民主基础，同时适当扩大他们的职权，以便各地能够在中央统一领导下因地制宜地发展本地的建设事业。在基层社会生活中，还要加强群众性自治组织的建设，以便发动群众自己管理自己的公共事务和公益事业。

第二，国家机构的设置和职责权限的规定，要体现这样的精神：在法律的制定和重大问题的决策上，必须由国家权力机关，即全国人大和地方各级人大，充分讨论，民主决定，以求真正集中和代表人民的意志和利益；而在它们的贯彻执行上，必须实行严格的责任制，以求提高工作效率。这种责任制对于发展社会主义民主，保证人民行使国家权力，是不可缺少的。

第三，我们国家可以而且必须由人民代表大会统一地行使国家权力；同时在这个前提下，对于国家的行政权、审判权、检察权和武装力量的领导权，也都有明确的划分，使国家权力机关和行政、审判、检察机关等其他国家机关能够协调一致地工作。国家主席、国务院、中央军委、最高人民法院和最高人民检察院，都由全国人大产生并对它负责，受它监督。全国人大、国家主席和其他国家机关都在他们各自的职权范围内进行工作。国家机构的这种合理分工，既可以避免权力过分集中，又可以使国家的各项工作有效地进行。

彭真同志作为1982年宪法的直接领导者与参与者，他在宪法修改草案所作的报告中提出的关于国家机构设置的原则与精神，概括起来应当是"权力集中与分工负责"。

"权力集中"是指必须由人民代表大会统一地行使国家权力，目的在于从政治上和组织上保证全体人民掌握国家权力，真正成为国家的主人。权力集中是民主集中制原则的应有之义与实质。如果说，党内民主集中制的实质是确立党中央的权威与统一领导，那么，宪法意义上的民主集中制的实质就是确立全国人民代表大会的最高法律权威与集中统一行使国家权力。人民代表大会既是民主的，又是集中的。"人民代表大会统一行使国家权力，不搞'三权鼎立'和'两院制'，走中国特色社会主义政治发展道路"是中国政治实践证明的正确的基本经验。国家权力由人民代表大会集中统一行使是由社会主义国家性质决定的。"人民民主专政的国家性质决定，在我国，人民，只有人民，才是国家和社会的主人。"根据这个原则，1982年宪法加强了全国人民代表大会，其体现是适当扩大全国人大常委会的职权，在立宪者看来，是"加强人民代表大会制度的有效办法"；同时可以"更好地发挥最高国家权力机关的作用"。1982年宪法规定了国务院实行总理负责制，也是出于"权力集中"的需要而非功能考量。自1954年以来，国务院的组织体制一直采取部长负责制，是集体领导的一直形式，这种"集中领导"制由于副总理人数设置过多而导致领导权处于分散状态，甚至各自为政，而总理负责制，就"克服了可能发生的领导权分散的弊病，是号令归于统一"。国家权力需要集中统一行使，除了人大机关外，具体行使行政权的国家机关，更需要"权力集中"统一行使。毛泽东同志正是在该意义上强调"集中制"，他指出："行政权的集中化是必要的；当人民要求的政策一经通过民意机关而交付于自己选举的政府的时候，即由政府去执行，只要执行时不违背曾经民意通过的方针，其执行必能顺利无阻。这就是集中制的意义。"在我国，为什么执政党特别强调国家权力的集中统一行使？刘少奇在 1954 年作《关于中华人民共和国宪法草案的报告》中明确指出："人民当自己还处在被压迫地位的时候，不可能把自己的意志和力量充分地集中起来。中国人民在过去被人讥笑为'一盘散沙'，就是由于这个原因。革命使得人民的意志和力量集中起来了，而当人民已经得到解放并建立了自己的国家后，当然就把自己的意志和力量充分地集中到国家机构里去，使国家机构成为一个坚强的武器。"

"分工负责"是党的民主集中制中关于集体领导与个人分工负责相结合的原则在国家机构设置原则的体现，在人大集中统一行使国家权力之下，按照分工负责的原则，又将国家权力划分为行政权、监察权、审判权、检察权、军事权、国家元首权，分工负责行使具体的国家权力。这种分工负责的机构设置，不仅保证各国家机关都在其各自的职权范围内工作以及使各国家机关之间能够协调一致地工作，而且这种国家机构的合理分工能够避免权力过分集中。张翔教授曾提出过这样的问题：我国宪法上对国家机关做的权力机关、行政机关、审判机关、检察机关的区分是基于何种考量？不同机关配置不同的权力是基于何种标准？他给出的解释方案是基于"功能主义"的权力配置观，认为是围绕着国家机关的"功能——机关"维度即组织机构及其职权归属的关系展开的。任何权力机关皆有其"功能"或作用，正如任何事物皆有其功能一样，如果把"功能"视为国家权力机关配置的标准的话，那么这种功能主义同样解释"分权制衡"的西方国家机关权力配置理论，因为正是立法、司法、行政三个机关的"功能"不同，才作出了"三权"组织机关的权力配置与制衡，议会的功能在于立法，行政机关的功能在于执行，法院的功能在于裁判，除此之外，各个机关还兼有相互"制衡"的功能。民主集中制作为中国特色的政体理论，应当在国家机构权力配置上具有不同于西方国家的权力配置，这就是"权力集中与分工负责"。"权力集中"强调的是人民民主与人民行使国家权力的高度集中与有效，集中不是形式的，而应当是实质的，若人大只是名义上"集中"，而现实中基于种种因素而弱化或虚化，那么这种权力集中就不是真实的，将无法"保证全体人民掌握国家权力，真正成为国家的主人"。1981 年党的十一届六中全会通过的《关于建国以来党的若干历史问题的决议》指出："必须根据民主集中制的原则加强各级国家机关的建设，使各级人民代表大会及其常设机构成为有权威的人民权力机关。"这实际上就为"八二宪法"的起草确定了基调。制宪者为此而适当扩大全国人大常委会的职权，正是为了加强全国人民代表大会之目的，使其成为有权威的人民权力机关。作为 1982 年宪法起草的亲历者许崇德先生曾回忆道："在

1982 年宪法的草拟过程中，有不少同志出主意，提意见。有的说，人大要成为真正工作的机关，就应该增加每年开会的次数。有的说，人大的会期应该更长些，每次开会开 3 个月至 5 个月的时间；有的说，应该减少代表的人数，还有的建议改革全国人大的组织机构，实行两院制，等等。主意很多，但都难予采纳。最后找到的路子是扩大常委会的职权、发挥常委会的作用。因为常委会是全国人大的常设机关，也是最高国家权力机关。而且常委会组成的人数较少，易于集会，便于深入讨论问题，从而能达到使全国人大成为真正有权威的国家权力机关的目的。"可见，制宪者的意图十分清楚，就是让全国人大成为真正能够让人民当家作主的权力机关。因此，全国人大常委会的权力配置主要是基于"权力集中"的考量，而非单纯的权力功能，这种由常委会行使的权力完全可以由全国人大自身行使，未必一定从全国人大自身职权中剥离出来，只是由于全国人大自身无法真正发挥其应有的权威，才通过加强其常设机构的职权而达到有权威的人民权力机关的目的。

其他国家机关的设置也是基于权力"分工负责"的考量。例如：1982 年宪法恢复了 1954 年宪法的国家主席设置，这种设置正如许崇德先生所说："中央政权的组织应该有很好的分工，以便各司其职，发挥作用，增强效能。如果不设主席，那么本应由主席承担的许多工作势必要由国务总理或者全国人大常委会委员长负担，这是很不适宜的。适宜设置国家主席，有利于国家机关之间的分工。"从权力分工的角度，设置国家主席是必要的。从功能主义的角度，这种变动是较难解释的，都是国家主席，功能却不一致，其中的原因在于权力分工发生了变动，即八二宪法不再设国防委员会，同时也不再设最高国务会议，因而国家主席也不再像五四宪法中的国家主席担任最高国务会议主席。1982 年宪法设置中央军事委员会，同样是出于权力分工的考量，基于国家权力分工之需要，才在宪法中设置了中央军事委员会，许崇德先生指出："在草拟宪法的过程中，考虑到按照马克思主义国家学说，军队是政权的不可缺少的重要组成部分，军事领导机关理应在宪法中有它的地位，所以写入了宪法。"

2018 年 3 月第五次宪法修改"国家机构"中增设监察机关，同样出于权力分工负责的需要而设立。国家监察体制改革之前，党的纪律检查机关依照党章党规对党员的违纪行为进行审查，行政监察机关依照行政监察法对行政机关工作人员的违法违纪行为进行监察，检察机关依照刑事诉讼法对国家工作人员职务犯罪行为进行查处，反腐败职能既分别行使，又交叉重叠，没有形成合力。同时，检察机关对职务犯罪案件既行使侦查权，又行使批捕、起诉等权力，缺乏有效监督机制。由于我国的反腐力量是一种分散型的权力结构，长期各自为政，一直缺乏一个集中、高效、权威的行使国家监察职能的专责机构，多元反腐力量，其弊端在于看似谁都有责任，可能最后谁都不负责任。而监察委员会国家机关的设立，就是解决权力分工负责不力的问题，目的是使各级监察委成为行使国家监察权的专责机关。

综上所论，民主集中制原则的基本规范就是权力集中与分工负责，具有其丰富的规范性内涵。民主集中制解决的是国家机关权力配置的基本原则，按照"权力集中与分工负责"的范式进行权力配置；权力机关的功能必须依附于权力分工，而不能取代权力分工，事实上也是无法取代的，权力分工意味着权力的职能分工，不同的权力发挥各自不同的功能和效能，这在任何现代国家都是通用的基本原理；而"民主集中制"这一范畴实际上是对应于"权力制衡"而言的，它强调是国家权力职能不是相互"制衡"，而是在国家最高权力之下各个国家机关的权力相互"配合"，共同向人民集中行使的国家权力的最高权力机关负责。

（五）结语

西方国家在国家机构设计上实行"分权制衡"原则，而我国国家机构的制度设计则是民主集中制。民主集中制作为宪法原则始于 1949 年《中国人民政治协商会议共同纲领》，该纲领第 15 条明确要求"各级政权机关一律实行民主集中制"；新中国的第一部成文宪法 1954 年宪法第 2 条第 2 款规定并要求"全国人民代表大会、地方各级人民代表大会和其他国家机关，一律实行民主集中制"；1975 年与 1978 年宪法第 3 条第 2 款都同样规定并要求"各级人民代表大会和其他国家机关，一律实行民主集中制"；1982 年宪法第 3 条第 1 款规定并要求"中华人民共和国的国家机构实行民主集中制的原则"。可见，新中国的每一部宪法性文件或根本法宪法皆将民主集中制确认为宪法基本原则，要求中华人民共和国的一切国家机关一律实行民主集中制宪法原则，这不是偶然的，而是历史与现实的必然。这主要是基于四个方面的原因：一是作为党的组织活动的根本原则与制度必须宪法化；二是作为我国人民代表大会这一根本政治制度的运行基本原则必须以宪法的形式确认并得以实现；三是民主集中制运行原则合乎我国的国情；四是各级国家机关实行民主集中制使决策和决定更加民主化、程序化。民主集中制作为人民代表大会的组织形式与运行原则，是与人民代表大会制度这一根本政治制度密不可分的，换言之，人民代表大会制度作为我国政权组织形式就是建立在民主集中制基础之上的，人民通过普遍选举产生具有广泛代表性的代表，人大代表了解和收集全国各族人民的意见和要求，通过人民代表大会把这些意见和要求集中起来，使之上升为法律和法令，由人民代表大会选举产生的各级人民政府使这些法律和法令得到切实的贯彻执行。它既充分反映广大人民的意愿又有利于全体人民的统一意志，保障了人民当家作主的权利，体现了社会主义制度的本质要求，是人民掌握国家权力的根本途径和最高实现形式。最重要的是民主集中制是区别于西方的"三权分立"的权力运行模式，"三权分立"原则是西方议会制度、两党竞争制度的产物，适合西方独特的政治、经济、历史、文化环境与传统，在我国决不能推行。所以，在我国宪法确立的人民代表大会制度作为我国根本政治制度下，民主集中制既是人民代表大会的组织原则，也是人大及其常委会依法履行职权必须遵循的宪法原则。要坚持民主集中制，依照法定程序，集体行使职权，集体决定问题。人大依法履行职责，无论是立法权、监督权、重大问题的决定权，还是行使人事任免权，都必须充分发扬民主，在民主的前提下，严格依法按程序集中。认真听取人大代表和常委会组成人员的意见包括不同意见，保证他们充分发表意见的民主权，做到充分审议、集思广益，在基本达成共识的基础上进行表决，一人一票，按照少数服从多数的民主原则作出决定，该决定就是一种集中，一种民主基础之上的集中，从而使人大制定的法律和作出的决定更好地体现人民的共同意志，更具有权威性。

三、人大立法的民众参与

各级人大行使立法权，各级立法机关制定法律规范性文件必须遵从人民的意愿、代表人民的意志，才能制定出符合人民根本利益的法律。习近平同志深刻指出：立法质量是关键，要"努力使每一项立法都符合宪法精神、反映人民愿意、得到人民拥护"；[1] 立法要遵循科学立法与民主立法，"科学立法的核心在于尊重和体现客观规律，民主立法的核心在于为了人民、依靠人民"；[2]"使法律准确反映经济社会发展要求"。[3] 从宪法的制定与修改，到法律法规的制定，每一部法律的出台都广泛征求民众的意见与建议，使立法具有广泛的民主基础。如1982年宪法草案向全国人民公布后，全国几亿人参加了讨论，通过全民讨论，使宪法的修改更好地集中了群众的智慧。[4] 因此，为

① 习近平：《论坚持全面依法治国》，中央文献出版社2020年版，第74页。
② 习近平：《在庆祝全国人民代表大会成立六十周年大会上的讲话》，载《十八大以来重要文献选编》（中），中央文献出版社2016年版，第149页。
③ 中共中央文献研究室编：《习近平关于全面依法治国论述摘编》，中央文献出版社2014年版，第44页。
④ 许崇德：《中华人民共和国宪法史》（下卷），福建人民出版社2005年版，第448—449页。

了人民、依靠人民，是人大工作始终要坚守的出发点和落脚点，具体到立法工作中就是要植根人民、依靠人民，以优质立法保障人民权益、增进民生福祉。① 为了进一步增加立法的民主参与，党的十八届四中全会通过的《中共中央关于全面推进依法治国若干重大问题的决定》明确提出了"建立基层立法联系点制度，推进立法精细化"的要求。为此，全国各地人大常委会将基层立法联系点的建立作为扩大立法民众公共参与、提高立法质量的重要途径。以上海为例，上海市人大常委会及其各区人大不仅制定了《人大常委会基层立法联系点工作规则》，而且于 2018 年 7 月 1 日设立了首批 10 家基层立法联系点，截至 2020 年 4 月增加到 25 家。虹桥街道基层立法联系点完成了 55 部法律草案的意见征询工作，归纳整理各类建议 1000 余条，其中 72 条被采纳。② 江宁路街道基层立法联系点提出各类立法建议 500 余条，所提建议被 15 部法规 53 个条款采纳。③ 上海市嘉定工业区管理委员会基层立法联系点共参与了 14 部法律条例的意见征询，共开展网络征询 7 次，书面征询 44 次，座谈会 35 次，共听取意见建议 1076 条，上报 807 条。2020 年公布的 5 部法律条例中，有 28 条建议被市人大采纳。2021 年公布的 6 部条例中，有 35 条被采纳。④ 基层立法联系点成为立法机关倾听人民的需求、呼声、意见和建议的中介与桥梁，为良法善治奠定了最广泛的民主基础。

四、人大代表的上通下达

人民代表大会的主体是人大代表，依据《全国人民代表大会和地方各级人民代表大会代表法》第 2 条之规定，人大代表是最高国家权力机关或地方各级国家权力机关的组成人员，由他们代表人民的利益和意志，依照宪法和法律赋予本级人民代表大会的各项职权，参加行使国家权力。人大代表除了依法履行"按时出席本级人民代表大会会议，认真审议各项议案、报告和其他议题，发表意见，做好会议期间的各项工作"的法定义务外，在闭会期间，代表可以通过多种方式听取、反映原选区选民或者原选举单位的意见和要求。由于我国人大代表几乎都是兼职性的，即代表不脱离各自的生产和工作，因

---

① 孙剑纲：《新时代全过程人民民主的人大实践》，载《中共中央党校（国家行政学院）学报》2021 年第 6 期，第 36—37 页。

② 张维炜、孙鑫：《上海："打造全过程人民民主"最佳实践地》，载《中国人大》2021 年第 8 期，第 47 页。

③ 王海燕：《擦亮践行全过程人民民主最响亮品牌》，载《解放日报》2021 年 9 月 24 日，第 2 版。

④ 杨海涛、李梦婷：《基层立法联系点参与立法征询工作的完善进路——以上海市嘉定工业区管理委员会为例》，载《人大研究》2021 年第 9 期，第 50 页。

此，他们更能够密切联系群众，了解基层民众所思所想，《代表法》第 4 条第 5 项也要求人大代表"与原选区选民或者原选举单位和人民群众保持密切联系，听取和反映他们的意见和要求，努力为人民服务"。如何更好地发挥人大代表与基层民众的沟通功能，各地都积极探索各种制度，其中近几年来上海市人大常委会在全市各级人大常委会实行的从楼宇、社区到乡镇的代表之家、代表联络站、代表联系点（即"家站点"）建设就是人大代表民主参与的典型方式。目前上海市已建成了覆盖全域的"家站点"平台近 6000 个，它不仅打通了代表联系群众的"最后一公里"，而且在代表和群众之间架起了直接沟通的桥梁。① 这种代表与选民之间的直接沟通，使得民主参与的深度与广度得以真正扩展，极大地践行了全过程人民民主的实践。

五、人大监督的民意表达

各级人大及其常委会行使宪法监督权，人大常委会监督人民政府、监察委、人民法院、人民检察院等国家机关的工作，是宪法赋予各级人大及其常委会的职权。根据《各级人民代表大会常务委员会监督法》第 3 条、第 5 条之规定，各级人民代表大会常务委员会行使监督职权，各级人民代表大会常务委员会对本级人民政府、人民法院和人民检察院的工作实施监督。人大常委会作为人大的常设机关，其监督权来自人大的授权，因此根据《监督法》第 6 条规定，各级人民代表大会常务委员会行使监督职权的情况，应当向本级人民代表大会报告，接受监督。因此，人大常委会的监督属于人大的授权监督。然而，无论是人大监督或是人大常委会监督，皆属于人民的间接监督，最终都向人民负责，接受人民的监督。

---

① 郭光辉、孙鑫：《上海人大：近 6000 座代表"连心桥"践行全过程人民民主》，载《中国人大》2021 年第 7 期，第 36 页。

第三章　选举民主：全过程人民民主的实现形式

按照我国宪法及相关法律的规定，人民当家作主的实现方式不是人民自己直接统治，而是通过人民行使权力的机关——"人民代表大会"以及"一府一委两院"进行间接统治，换言之，不是实行直接民主而是间接民主即代议制民主。所谓代议制民主，是指人民通过选举的方式选举出自己的代表，由代表来代替人民行使国家权力。在我国，县级人大代表是人民直接选举的；县级以上的人大代表是由低一级的人大代表选举高一级的人大代表，最后选举出全国人大代表，因此，设区的市级人大代表、省级人大代表、全国人大代表都是间接选举的。而"一府一委两院"再由各级人大选举产生，它们直接向产生它的人大负责、受其监督，从而间接地向人民负责。由于我国人民当家作主的权利是通过选举得以实现的，因而我们的人民当家作主的民主首先属于选举民主。

一、"选举"与"民主"的宪法含义

选举民主与民主选举似乎是一样的，许多人也可能将它们混同使用，但它们在概念上还是存在差异的：选举民主与约瑟夫·比赛特1980年提出的"协商民主"、1987年萨托利在《民主新论》中提出的"自由民主"、罗伯特·达尔、卡尔·科恩提出的"参与民主"等，都是实现民主的一种形式，即以选举这种方式来实现民主，因此，选举民主注重的是民主的形式。民主选举则与非民主选举相对应，强调的是"民主"的选举，而不是非民主的选举，所以民主选举注重的是民主的实质。我们首先明确"选举"与"民主"在我国宪法文本中的基本含义。

（一）"选举"的宪法含义

在我国现行宪法文本中，初步统计，出现"选举"或"选出"字眼的语词，共26次，涉及13个条款，其中"民主选举"1次，"选举"14次，"直接选举"1次，"选举权、被选举权"2次，"原选举单位"与"选举单位"5

次，"选出"3次，如果把"原选举单位""选举单位""选出"取消，只保留与"选举"的权利、内容与形式直接相关的，有20次，10个条款。

我国现行宪法文本中出现的"选举"，其含义大致有三重意义：一是作为民主实质的选举，即第2条出现的"民主选举"。民主的一个重要含义就是"选举"，通过选举，公民可以行使参与国家政治生活的民主权利，即行使参政权。同时，"民主选举"注重的是选举的实质，即"民主"的选举，而排除一切非民主的选举，如贿选。二是作为公民基本权利的选举，即第34条、第79条出现的"选举权"与"被选举权"。无论是选举权还是被选举权，都是公民重要的政治权利，通过选举权和被选举权，公民可以参与国家政治生活。三是作为民主实现形式的选举，即第97条的"直接选举"与"间接选举"。宪法第97条第1款规定："省、直辖市、设区的市的人民代表大会代表由下一级的人民代表大会选举；县、不设区的市、市辖区、乡、民族乡、镇的人民代表大会代表由选民直接选举。"因此，在我国，根据《宪法》与《选举法》第3条规定，县级以下人大代表由选民采取直接选举的方式产生，即不设区的市、市辖区、县、自治县、乡、民族乡、镇的人民代表大会的代表，由选民直接选举；而县级以上人大代表包括全国人大代表，省、自治区、直辖市、设区的市、自治州的人大代表，由下一级人大代表间接选举，即县级以上人大代表不是由选民直接选举产生，而是由选民通过直接选举出来的人大"代表"，再代表选民的意志，间接选举出上一级人大代表，最终由"代表"的"代表"间接选举出全国人大的代表。

（二）"民主"宪法含义

在现行宪法文本中，共出现"民主"一词14次，其中宪法序言中出现9次，分别以"民主自由""新民主主义""人民民主专政""社会主义民主""富强民主文明和谐美丽""民主党派"等内容出现的；宪法总纲出现5次，分别以"人民民主专政"（第1条）、"民主集中制"（第3条）、"民主选举"（第3条）、"民主管理"（第16—17条）。现行宪法第24条第2款规定了"国家倡导社会主义核心价值观"，该条款是2018年宪法修正时新增内容。由于社会主义核心价值观包含着将"倡导富强、民主、文明、和谐"作为国家层面的价值，"民主"作为核心价值观间接载入宪法文本之中，可以视为是对宪法序言关于国家根本任务的价值表达。

在宪法序言与总纲中出现的"民主"概念，归结起来主要有以下四种含义：

第一，作为国家价值与发展目标的"民主"。序言关于"中国人民为国家独立、民族解放和民主自由进行了前仆后继的英勇奋斗""国家的根本任务是，……把我国建设成为富强民主文明和谐美丽的社会主义现代化强国"以及总纲第 24 条关于"社会主义核心价值观"中的"民主"，都是作为国家发展目标与国家价值的"民主"。2015 年 9 月 28 日，习近平在第七十届联合国大会讲话时亦将"民主"与和平、发展、公平、正义、自由等不仅视为是"全人类的共同价值"，也视为"联合国的崇高目标"。现代意义上的国家都是"民主"国家，"民主"政治是与前现代专制政治相对立的本质性概念，民主自由都是一个社会文明与发展进步的标志。

第二，作为国体即国家性质"人民民主"。序言关于"工人阶级领导的、以工农联盟为基础的人民民主专政，实质上即无产阶级专政"的叙说以及总纲第 1 条关于"中华人民共和国是工人阶级领导的、以工农联盟为基础的人民民主专政的社会主义国家"的规定都是言指国体意义上的"民主"，即人民民主。2018 年修宪时第 1 条第 2 款增加了"中国共产党领导是中国特色社会主义最本质的特征"。韩大元教授指出：该条规定的社会主义、人民民主、党的领导与总纲第 5 条规定的社会主义法治国家一起构成了解释我国宪法上民主规范体系的基本原理和语境，表明要发展社会主义民主，必须坚持党的领导、人民当家作主与依法治国的有机统一。[1]"人民民主"表明的是，我国确立的国家性质是人民当家作主的国家，是民主在国家性质上的体现。

第三，作为国家组织形式和活动方式的基本原则的"民主"。宪法第 3 条第 1 款规定："中华人民共和国的国家机构实行民主集中制的原则。"民主原则在国家组织形式和活动方式中的具体体现就是民主集中制。该原则不仅要求通过民主选举产生国家和地方权力机关，同时也要求国家权力的配置与运行都实行民主原则，确认国家和地方权力机关在国家机构体系中的核心地位，最终体现宪法关于人民当家作主的民主价值、民主理念与民主精神。

第四，作为公民政治权利的民主。宪法第 3 条第 2 款关于"全国人民代表大会和地方各级人民代表大会都由民主选举产生，对人民负责，受人民监督"的规定以及宪法第 16 条第 2 款关于"国有企业依照法律规定，通过职工代表大会和其他形式，实行民主管理"和第 17 条第 2 款关于"集体经济组织实行民主管理"的规定，都是作为公民政治权利的"民主"。民主选举是公民参与国家政治活动的重要内容，国有企业与集体经济组织的"民主管理"是宪法第 2 条第 3 款"人民依照法律规定，通过各种途径和形式，管理国家事务，管理经济和文化事业，管理社会事务"的具体表现形式之一。

---

① 韩大元：《论我国现行宪法的人民民主原则》，载《中国法学》2023 年第 1 期，第 35 页。

二、"选举"与"民主"之关系

在西方政治话语体系中，民主就是选举，选举才是民主，民主完全变成了一种程序上的安排。约瑟夫·熊彼特首次提出了"选举民主"理论，第一次用选举界定民主，认为民主是"一种形成政治决定的制度安排，在这种安排之下，古人通过竞争性的方式争取人民的选票来获得决策的权力"。[①] 其实，民主选举只是建构政治或者政权合法性的一种方式，但并非是唯一的形式，因为除了民主选举外，实现政治合法性的途径还有四种：传统、领导人的个人魅力、政府提供物品和服务、挑选领导人的程序机制是公平的。[②] 事实上，民主的关键是能否建构一种有效的合法性统治，即使通过选举民主上台的政府，如果不能有效地进行统治，无法给人民提供足够的公共服务、改善生活条件、满足人民的需求，其合法性也很快丧失。曾断言"历史的终结"的弗朗西斯·福山深刻指出："哪些渴望民主化的社会，唯一的大问题就是，它们未能提供人民想从政府得到的实质性内容：个人安全、共享的经济增长以及获得个人机遇所必需的基本公共服务"；[③] 因此，"政治正当性取决于政府的质量，而不是选举或者政治代表的质量"。[④] 这种注重民主实质内容的民主被称之为"代表型民主"。所谓"代表型民主"是香港中文大学政治学教授王韶光对中国民主实践的一种概括，在我国，"代表型民主"应当是对中国共产党执政实践的概括。因为，共产党在中国的执政地位是人民的选择与历史的选择，而不是通过周期性的选举产生的。以"人民"为中心，以"为人民服务"为宗旨，以为人民的福祉与人民的诉求、愿望、利益满足与实现为目标，获得广大人民的广泛性支持，以此获得执政的合法性资源，这就是中国共产党的代表型民主。"代表型民主"在党章和宪章中皆作出了规定。党的二十大修改后的《中国共产党章程》"总纲"中指出：中国共产党"代表中国先进生产力的发展要求，代表中国先进文化的前进方向，代表中国最广大人民的根本利益"；2004年修宪时，把这种"代表型民主"即"三个代表"写进了

---

① 【美】约瑟夫·熊彼特：《资本主义、社会主义与民主》，吴良健译，商务印书馆1999年版，第395—396页。

② 【瑞典】博·罗斯坦：《建构政治正当性：选举民主还是政府质量》，载王韶光主编：《选主批判：对当代西方民主的反思》，北京大学出版社2014年版，第197页。

③ 【美】弗朗西斯·福山：《历史的终结与最后的人》，陈高华译，广西师范大学出版社2014年版，第4页。

④ 【瑞典】博·罗斯坦：《建构政治正当性：选举民主还是政府质量》，载王韶光主编：《选主批判：对当代西方民主的反思》，北京大学出版社2014年版，第198页。

宪法序言之中。

在过去20年里，不管是什么人进行调查（包括那些对前人调查充满怀疑的外国学者），不管用什么方式进行调查（包括最严格的随机抽样调查），不管被调查的对象是农村居民还是城市居民，最后的结果基本上大同小异，中国政府在人民群众中享有高度的信任感。美国学者的观点是："自20世纪90年代以来，所有旨在检验民众对中共看法的调查都显示，七成以上的调查对象支持中央政府和共产党领导。无论调查的提问方式如何变化，结果都一样。"① 这些数据与学者的考察判断足以证明，中共共产党执政的合法性获得了中国人民的高度认同。可见，只要人民的"代表"能够让人民过上美好的生活，这种代表型民主无疑赋予统治的合法性。

三、选举民主的功能与基本特征

何谓选举民主？选举民主是指选民通过自由、平等、公开公正、定期、匿名的竞争性选举，以选择其代表以及所组成的政府的民主权力。选举民主至少具备以下条件：

第一，自由选举。无论是选举人或是被选举人，都可以自由地竞选与选举。有选举资格的选民，选举与否、选择谁或不选择谁，都完全尊重他个人的自由意志，不设任何条件地自由选举。

第二，平等选举。按照宪法第34条规定，除了依照法律被剥夺政治权利的人，凡年满18周岁的公民，不分民族、种族、性别、职业、家庭出身、宗教信仰、教育程度、财产状况、居住期限，都享有平等的选举权和被选举权。一人一票，票票效力相同。法国学者皮埃尔·罗桑瓦龙指出："一人一票。这一简单等式以显而易见的力量给我们留下了深刻印象。选票箱面前的平等，对于我们而言，是民主的首要条件、平等最基本的形式、权利最无可争辩的基础。"②

第三，程序公开公正。所有选举的全过程都必须是公开公正的，投票公开，唱票公开，不得弄虚作假，营私舞弊；不得贿选，贿选无效。

第四，定期选举。无论四年还是五年一次选举，都必须按照法律规定的选举期限组织选民定期选举，除非因战争等紧急情况不得暂停或终止选举。

第五，匿名选举。所有选票都是匿名的，不得公开选民选票的姓名身份，

---

① 王韶光：《代表型民主与代议型民主》，载《开放时代》2014年第2期。
② 【法】皮埃尔·罗桑瓦龙：《公民的加冕礼：法国普选史》，吕一民译，上海人民出版社2005年版，第1页。

以保证选举的自由与公正。匿名意味着公民参加投票不必担心因选举而遭人报复。

第六，竞争性差额选举。候选人必须是多数，让选民有选择的空间，选民可从中选择最优者，保证公民充分行使选举权。

第七，多数决原则。选举胜出者以获得多数票为原则，少数服从多数。

我国宪法法律所规定的选举的特点既是普遍的、定期的、秘密的，更是有物质保障的。应当说，在我国，在形式上，选举最普遍，宪法和选举法赋予每一个年满 18 周岁以上的公民普遍的选举权，没有任何限制；选举在我国是由政府买单，不存在政治献金，选举的一切费用均由国家政府支付。选举民主是人民最直接地实现当家作主的一种有效形式，也是最重要的政治参与的方式。"如果说一个国家的民主制度是用一套规则建筑起来的大厦，那么选举就是基础，是民主制度的起点。没有选举，没有把一个国家的政治制度奠基于选举之上，那么这个国家就不能称为民主。"① 即使选举出来的代表或公职人员没有兑现选举时的承诺，选民仍然可通过下一次的选举进行重新选择，这种选择对于被选举人具有相当的震慑力，这本身就是一种民主监督。但是，如果让选举只是走过场，做做样子，这样的选举的确出了问题，党和政府应当认真加以解决民众普遍厌选的问题，只有这样，选举才能成为落实人民当家作主的载体，否则，人民当家作主岂非一句空话？同时，民主选举官员与党管干部统一起来，党管干部，不是直接任命干部，更不是随意调换、撤换干部，而是推荐干部，由选民从中进行选择。一旦经过选举而由人大任命的干部，党组织必须尊重选民的意愿，依据法律规定的程序，撤换、调离干部。在我国，如何让人民感受到当家作主的权利满足是目前我国选举民主的关键。因此，应当努力让人民群众在每一次选举过程中都感受到当家作主的主人翁地位，人民群众就会相信选举民主，从而也会相信宪法法律。

我们必须看到，选举民主即使在民主制度发达的美国，事实上存在诸多问题。前世界银行住中国代表皮特·鲍泰利认为："选举民主的最大问题在于，投票的选民和当选的政客在所决定的问题上都表现出短视的缺陷。大多数政客为了实现连任，因此倾向于短视；相似地，大多数选民希望政客们更关心与自己密切相关而不是看似遥远的问题。"② 美国宾州州立大学教授拉瑞指出：美国的政治存在"原则政治"与"现实政治"之间的差距和矛盾，原

---

① 张明澍：《中国人想要什么样民主》，社会科学文献出版社 2013 年版，第 223 页。
② 赵忆宁：《探访美国政党政治——美国两党精英访谈》，中国人民大学出版社 2014 年版，第 10 页。

则政治要求团结人们、共同求进、人人平等这些原则性的理想，而现实政治则目光短浅、自私自利，考虑的是如何通过打击对手，来达到自己的目的。[①] 更具有讽刺意味的是，在瑞典西部的哥森堡，汽车上偶尔被贴上红色保险杠贴纸，上面写着这样一句话："对美国好点，否则我们就把民主送到你们国家去！"在这一口号的背后是现在的普遍认知：布什政府通过引入选举式大众民主在伊拉克建构正当政治权威的努力，已经悲惨地失败了。[②] 看来，仅有选举民主的形式，但如果被选举出来的政府或领导人没有能力使人民生活更富足，未能提供人民所期盼的安全、经济增长与生活改善、基本公共服务，这种选举民主也难以为继。

当然，人们必须清醒地认识到，这绝不是放弃选举民主的理由。选举民主是一种自由民主，这是任何现代民主国家所实行的一种人民当家作主的具体形式，我国宪法和选举法也作出了明确规定。问题是，选举民主仅仅是一种形式民主，如何实现人民当家作主的实质民主才是最重要的。正如习近平总书记指出："实现民主的形式是丰富多样的，不能拘泥于刻板的模式，更不能说只有一种放之四海而皆准的评判标准。人民是否享有民主权利，要看人民是否在选举时有投票的权利，也要看人民在日常政治生活中是否有持续参与的权利；要看人民有没有进行民主选举的权利，也要看人民有没有进行民主决策、民主管理、民主监督的权利。社会主义民主不仅需要完整的制度程序，而且需要完整的参与实践。人民当家作主必须具体地、现实地体现到中国共产党执政的国家治理上来，具体地、现实地体现到中国共产党和国家机关各个方面、各个层级的工作上来，具体地、现实地体现到人民对自身利益的实现和发展上来。"总书记特别强调指出："古今中外的实践都表明，保证和支持人民当家作主，通过依法选举、让人民的代表来参与国家生活和社会生活的管理是十分重要的，通过选举以外的制度和方式让人民参与人民国家生活和社会生活的管理也是十分重要的。人民只有投票的权利而没有广泛参与的权利，人民只有在投票时被唤醒、投票后就进入休眠期，这样的民主是形式主义的。"[③] 毕竟民主不是装饰品，不是用来做摆设的，而是用来解决人民需要解决的问题的。

---

① 赵忆宁：《探访美国政党政治——美国两党精英访谈》，中国人民大学出版社 2014 年版，第 75 页。

② 【瑞典】博·罗斯坦：《建构政治正当性：选举民主还是政府质量》，载王韶光主编：《选主批判：对当代西方民主的反思》，北京大学出版社 2014 年版，第 195 页。

③ 习近平：《论坚持人民当家作主》，中央文献出版社 2021 年版，第 96—98 页。

第四章 协商民主：全过程人民民主的实质内容

政治协商是 1993 年第二次修宪时增加到宪法序言第 10 自然段的，即"中国共产党领导的多党合作和政治协商将长期存在和发展"。中共中央在《关于修改宪法部分内容的建议的说明》中指出："中国共产党领导的多党合作和政治协商制度，是由我国具体历史条件和现实条件所决定的，在建设有中国特色社会主义中发挥着重要的作用。把它写进宪法，肯定了这一制度将长期存在，不断完善和发展。"①《中国人民政治协商会议章程》第 3 条规定："政治协商是对国家大政方针和地方的重要举措以及经济建设、政治建设、文化建设、社会建设、生态文明建设中的重要问题，在决策之前和决策实施之中进行协商。"它是政协的三大功能之一。政治协商蕴含着实现人民民主的第二种形式，即协商民主。协商民主是在中国共产党领导下，人民内部各方面围绕改革发展稳定重大问题和涉及群众切身利益的实际问题，在决策之前和决策实施之中开展广泛协商，努力形成共识的重要民主形式。② 2015 年 6 月中共中央办公厅印发的《关于加强人民政协协商民主建设的实施意见》指出："社会主义协商民主是中国共产党和中国人民的伟大创造"；是"扩大公民有序政治参与、更好实现人民当家作主的权利"的重要途径，它已形成了程序合理、环节完整的包括政党协商、政府协商、政协协商、人大协商、人民团体协商、基层协商等内容的社会主义协商民主体系。如果说人民当家作主的民主权利需要借助选举民主得以初次实现，那么人民通过参与协商民主则获得不断实现。

一、协商民主：实现人民民主的重要形式

"全过程人民民主"不是仅仅强调选举民主，而更注重选举之后人民是如何参与整个民主过程的。人民当家作主的民主权利，既需要借助选举民主得

---

① 全国人大常委会法工委宪法室编：《中华人民共和国制宪修宪重要文献资料选编》，中国民主法制出版社 2021 年版，第 145 页。
② 2015 年 2 月中共中央印发的《关于加强社会主义协商民主建设的意见》。

以初次实现，又要通过人民参与协商民主而全过程实现。如果说选举民主只是人民当家作主的实现形式，那么人民参与的协商民主则是全过程的当家作主。应当说，选举民主与协商民主作为中国社会主义民主的两种重要形式，不是相互替代、相互否定，而是相互补充，相得益彰，共同构成了我国社会主义民主政治的制度特点和优势。选举民主是人民民主实现的基础和前提，协商民主是人民民主实现的实质内容，没有协商民主的公民参与，就会必然人民民主的虚化，从而不会有真正的民主。正如习近平总书记指出"民主不是装饰品，不是用来做摆设的，而是要用来解决人民需要解决的问题的。一个国家民主不民主，关键在于是不是真正做到了人民当家作主，要看人民有没有投票权，更要看人民有没有广泛参与权；……如果人民只有在投票时被唤醒、投票后就进入休眠期，只有竞选时聆听天花乱坠的口号、竞选后就毫无发言权，只有拉票时受宠、选举后就被冷落，这样的民主不是真正的民主"。① 一些人把民主简单地等同于选举民主，甚至膜拜西式选举民主。通过一人一票的方式选举政治领袖，这种选举民主在现代西方社会已经获得了近乎神圣的地位。② 事实上，在西方所谓的民主国家里，人民往往只有投票的权利而没有广泛参与的权利，这样的民主是形式主义的。③ 在我国，不仅重视选举民主，保证公民的选举权实现，更重要的是将人民当家作主落实到国家政治生活和社会之中，保证人民依法有效行使宪法规定的"管理国家事务，管理经济和文化事业，管理社会事务"的民主权利。习近平指出："人民是否享有民主权利，要看人民是否在选举时有投票的权利，也要看人民在日常政治生活中是否有持续参与的权利；要看人民有没有进行民主选举的权利，也要看人民有没有进行民主决策、民主管理、民主监督的权利。社会主义民主不仅需要完整的制度程序，而且需要完整的参与实践。人民当家作主必须具体地、现实地体现到中国共产党执政和国家治理上来，具体地、现实地体现到中国共产党和国家机关各个方面、各个层级的工作上来，具体地、现实地体现到人民对自身利益的实现和发展上来。"④ 因此，实现人民民主的当家作主

---

① 习近平：《坚持和完善人民代表大会制度　不断发展全过程人民民主》，载《人大建设》2021年第11期，第5页。

② 【加】贝淡宁：《贤能政治：为什么尚贤制比选举民主制更适合中国》，中信出版社2016年版，第3页。

③ 中共中央宣传部：《习近平新时代中国特色社会主义思想学习问答》，学习出版社、人民出版社2021年版，第285页。

④ 习近平：《在庆祝全国人民代表大会成立六十周年大会上的讲话》，载《十八大以来重要文献选编》（中），中央文献出版社2016年版，第73页。

权利，就要求国家和社会的管理活动需要民众的广泛商量，任何决策出台之前，都要事前和事中的广泛协商与反复讨论。这种"有事好商量，众人的事情由众人商量，找到全社会意愿和要求的最大公约数，是人民民主的真谛"。因而，"要坚持有事多商量，遇事多商量，做事多商量，商量得越多越深入越好。涉及全国各族人民利益的事情，要在全体人民和全社会中广泛商量；涉及一个地方人民群众利益的事情，要在这个地方的人民群众中广泛商量；涉及一部分群众利益、特定群众利益的事情，要在这部分群众中广泛商量；涉及基层群众利益的事情，要在基层群众中广泛商量。在人民内部各方面广泛商量的过程，就是发扬民主、集思广益的过程，就是统一思想、凝聚共识的过程，就是科学决策、民主决策的过程，就是实现人民当家作主的过程"。

人民当家作主的民主权利，既需要借助选举民主得以初次实现，又要通过人民参与协商民主而不断实现。如果选举民主是人民当家作主的形式民主，那么人民参与的协商民主则是实质民主，即人民直接参与到国家大政方针及重大决策的过程中来。2006年中共中央《关于人民政协工作的意见》中第一次正式将"人民通过选举、投票行使权利和人民内部各方面在重大决策之前进行充分协商，尽可能就共同问题取得一致意见"，视为"是我国社会主义民主的两种重要形式"。所以，如何建设好协商民主，对于人民当家作主的权利实现具有极其重要的影响。

二、"审议民主"的由来与特征

自1980年由美国学者约瑟夫·毕塞特率先提出"deliberative democracy"的概念以来，[1] 我国除了少数学者在"审议民主"层面上使用外，主流学者与公共话语均在"协商民主"意义上使用，以便与中国政治协商之协商民主相对照。其实，中国官方中使用的"政治协商"是 political consultation，对应的形容词是"deliberative"，"协商民主"中的用词应是 consultative。Deliberative 本身含有"审议的""审慎的""深思熟虑的""讨论的"等意义，具有"慎思""明辨"二义。consultative 的含义则是"咨询的""商议的""协商的"之义。汉语词典关于"审议"与"协商"的解释是，审议指"审查评议"；协商指"为了取得一致意见而共同商量"。[2] 可见，将"deliberative de-

① Joseph M. Bessette, "Deliberative Democracy: The Majority Principle in Republican Government", How Democratic is the Constitution? Ed, Robert A. Goldwin and William A. Schambra (Washington: AEI, 1980).

② 商务印书馆辞书研究中心编：《应用汉语词典》，商务印书馆2000年版，第1119、1389页。

mocracy"理解并翻译为"审议民主"比较准确，而采用"协商民主"则失之偏颇。

把"deliberative democracy"翻译为"审议民主"还是"协商民主"，学者间是存有争议的。有学者认为，将 deliberative democracy 翻译成"协商民主"，既是因为该词能够相对表达参与主体的平等地位、对话和讨论、权力制约、批判性反思、妥协与共识等基本特征，也因为其更容易与本土话语对接，同时赋予本土话语以新的意涵。[①] 针对这种翻译，也有学者提出异议：一是"协商"一词在中文语境中的含义和"deliberative"有着一定的差距，至少在口语中，"协商"具有相互让步、讨价还价的意味，这不是 deliberative democracy 所强调的内容；二是这样翻译容易让人有先入之见，使人联想到或误以为中国特有的政治协商制度就是协商民主，这一译法会削弱 deliberative democracy 本身所具有的启发意义；尤其是如果把我国实行的政治协商制度误以为是 deliberative democracy，这样我们就不需要引进 deliberative democracy 了。因此，认为应该把 deliberative democracy 翻译为"审议民主"。这种译法不仅表达简洁，而且符合汉语表达习惯，尤其是在思想上兼顾了"慎思"和"明辨"两方面含义，慎思之且明辨之，才契合其本义。[②]

2012 年 12 月，由世界与中国研究所、共识网、浙江温岭市民主恳谈办公室联合主办的"协商民主及其在中国的实践"主题研讨会上，学者们还对该词的翻译问题进行了讨论。[③] 多数学者皆不赞成把 deliberative democracy 翻译为"协商民主"。张千帆认为：西方的概念一旦进入中国很容易就变味了，其实翻译成协商民主本身不够准确，因为对应协商的不是 deliberative democracy，是 consult，就是我们政治协商制度，这和我们平时讲的西方协商民主实际上是完全两个概念；所以，他认为语意上讲还是"审议民主"更准确一些。浦兴祖主张比较赞成"审议民主"，这样也许会避免人家误读。我国台湾学者徐斯俭说，在台湾 deliberative democracy 翻译成"审议民主"，而不是"协商民主"，为了将中国大陆学者翻译的"协商民主"与"审议民主"区分开来，他将原始翻译的称为"协商民主 1"，而把后来扭曲意涵的称为"协商民主 2"。即使最早在我国将"deliberative democracy"翻译成"协商民主"的陈家刚也承认翻译为"深思熟虑的民主"名称更好，与中国的政治协商具有不同的含

---

① 陈家刚：《以协商民主看待政治协商》，参见"中国人民协商理论研究会"网站。

② 谈火生编：《审议民主》，江苏人民出版社 2007 年版，第 6—7 页。

③ 参见共识网：http://www.21ccom.net/special/xieshangminzhu/。本部分所提到的学者观点均来自该网站关于本次研讨会的发言。

义。所以，从学者关于该语词的翻译之争，可以看出，目前大多数学者与主流观点一致采纳"协商民主"作为"deliberative democracy"的中文含义的确是出于对中国政治协商制度的对接，以激活我国政治实践与制度中沉睡的东西。

笔者以为，当一种西方的学术概念与理念在引进中国时，之所以变味或走样，是因为学者的确未能坚守学术的规范与底线，将一个本来十分严谨、规范的学术概念，自伊始就变成了一个模糊而不精确、包容而过度的概念。这种学术态度使得我国政治制度中可能与之具有某种相似的制度等同起来，但借用牛津大学迪戈·甘贝塔教授的话说就是一种"Claro"文化——一个西班牙词汇，意思是"显然如此！""我一直就知道！""你说什么我都不吃惊"，这是一种轻视的仓促回应。① 换言之，一种扭曲的学术理念造成的后果是，以为国外的制度我们早已存在了，不过如此而已。所以，学术文化的引进还是要原汁原味，尊重并认同概念所含有的特定意义，这样才能加以对照比较，以此找到文化与制度的根本差异，从而寻求调整或改进的方案。在此意义上，笔者以为需将 deliberative democracy 翻译为"审议民主"，以示与我国人民参与的"协商民主"相区别。

西方的审议民主是怎样的一种民主？罗伯特·古丁认为：审议是就赞成或反对一个行动方向进行的权衡。② 米勒认为：当一种民主体制的决策是通过公开讨论——每个参与者能够自由表达，同样愿意倾听并考虑相反的观点——做出的，那么，这种民主体制就是审议民主。③ 在此意义上，库克认为：如果用最简单的术语来表达，审议民主指的是为政治生活中理性讨论提供基本空间的民主政府。也有的学者认为审议民主是指"集体决策是由所有将受到这种决策及其代表影响的人参与做出的"。④ 科恩则指出：审议民主的概念是基于政治正当性理想而形成的。依据这种理想，证明行使集体政治权力的正当性是为了平等公民之间自由、公开、理性地行使权力。审议民主使这种理想制度化。根据审议观点，民主不仅是一种政治形式，它更是通过提供有利于参与、交往和表达的条件而促进平等公民自由讨论的一种社会和制度条

---

① Diego Gambetta. "Claro"：An Essay on Discursion Machismo, in Jon Elster（ed.），Deliberative Democracy, Cambridge University Press, 1998, pp. 20—21.

② 【美】罗伯特·古丁：《内在的民主审议》，载【美】詹姆斯·菲什金、【英】彼得·拉斯莱特主编：《审议民主论争》，张晓敏译，中央编译出版社 2009 年版，第 57 页。

③ Devid Miller, Is Deliberative Democracy Unfair to Disadvantaged Groups? Democracy as Public Deliberation：New Perspectives, ed. by Maurizio Passerin D'entreves, Manchester University Press, 2002. p. 201.

④ 同上书，第 127 页。

件框架，以及通过建立确保政治权力以定期的竞争性选举、公开性和司法监督等形式而对此形成的回应性和责任性框架，将行使公共权力的授权与这种讨论联系起来。① 诸如此类的关于审议民主的界定不一而足，其实归纳起来，审议民主通常被看作一种阐释政治决策合法性的理论，它表达的思想是，民主决策应当是合理的、公开讨论支持和反对某些建议的各种观点的过程，目的是实现普遍接受的判断，换言之，决策与共识的合法性须以每个公民对公共领域的问题和意见进行理性的平等、自由的对话与讨论为基础，政治选择必须是自由、平等和理性的行为者之间就目的而进行的审议的结果。正如菲什金所说：一个集体（审议）的过程，就是"团体有合理的机会形成它集体的、深思熟虑的判断，如果他们愿意，将可以发出自己对争论问题的声音。敌对双方的讨论观点都能够被仔细倾听，而每一方都有机会回应对方，所有人都获得同样信息。人们出席并参与审议过程中，他们不只是倾听而且也参与其中，参与的环境规模足够少以使每个人都相信自己个人的意见会受到重视。他们在相互尊重的氛围中讨论问题，并尝试找到共同点"。② 它大致包括几个阶段：一是发表意见、看法、观点；二是倾听他人的意见、看法与观点；三是权衡各种观点包括赞成的、反对的；四是集合个人的偏私，尽可能减少异议，寻求最大程度的满足，最终达成某种共识。其特点：一是主体参与与理性判断；二是平等与自由对话；三是过程与程序公开；四是尊重与包容。

第一，主体参与与理性判断。民主参与需要公民出席，民主的舞台上，人民不能缺席。谁将参与审议？阿克曼与菲什金认为："谁"可以是绝大多数人、公共大众，或者是某一类别中有选择性的或精英的团体。这样有选择性的或精英团体可以是写出的、指定的、投票选出的，依照惯例或别的方法选出的。③ 因此，审议民主的主体是所有与审议的事项具有利害关系人或相关人或他们的代表，因为个人是自我利益进行判断的最好法官，政治决策的好坏直接影响到每一个人，所以凡是条件允许，就应当让每一个人都要参与到决策的公共对话与讨论中来，譬如一个单位、一个团体或利害关系人是少数人等；若是针对全国性的或较大区域性的事务，在人人参与不现实的情形下，应当允许人们委托他们利益的代表者参与公共事务的审议活动之中，代表是

---

① 【美】乔舒亚·科恩：《审议民主的程序与实质》，载陈家刚选编：《协商民主》，上海三联书店 2004 年版，第 172—173 页。

② 【南非】毛里西奥·帕瑟林·登特里维斯主编：《作为公共审议的民主：新视角》，王英津译，中央编译出版社 2006 年版，第 13—14 页。

③ 【美】詹姆斯·菲什金、【英】彼得·拉斯莱特主编：《审议民主论争》，张晓敏译，中央编译出版社 2009 年版，第 28 页。

人民的缩影，公正与平等的代表能够体现与反映人民的利益、情感、观点与看法，在这种情况下，他们将代表所有公民提供公共舆论的图景。因此，在此意义上，约·埃尔斯特才说："所有将受到这一决策影响的人或其代表都参与了该集体决策。"① 参与审议民主的公民，之所以不能人人皆参与，是因为受到地域、人数、发言时间等种种限制。达尔用反向计算提供了一个有力的反证：一天，如果一个团体想作出一个决定，假设每天有 10 个小时的时间用于讨论，并允许每人有 10 分钟的发言时间——即使在理想的状态下——这一团体最多也不能超过 60 人。② 可见，人人参与只是一种理想型的目标，在多数情况下需要人人的代表参与。此外，还存在着距离问题，任何一个现代国家都比古代最大的城邦都大得多，人人不可能亲自管理政府，所以，正如麦迪逊所说："民主政体将限于小小的地区"，而在共和政府下，他们通过代表和代理人组织和管理政府，并能扩展到一个大的地区。③ 总之，人民参与、人人参与是审议民主的本质，只有人人参与的实质意义得以实现，人民参与的审议民主才能保障政治决策的合法性。

然而，能够参与审议的公民必须具有理性的能力并能够理性地思考与判断。罗尔斯认为公民具有两种力量，一是正义感的能力，二是寻求利益概念的能力。作为合理的行动者，他们渴望一种作为自由和平等的个体，能够与其他接受并准备讨论公正的人充分合作；作为理性的行为者，他们具有形成、修改和理性追求其理性优势和利益的能力。也就是说，理性的公民必须是一个既能认识自我利益并为之守护的人，还必须是一个深刻认识并理解公共利益为何物的人，在理性的慎思、明辨之下能够调整自己的偏好而选择满足既符合自己又合乎其他人利益的公共决策，因此，他必定是一个懂得包容、尊重他人的自由人，所谓理性判断，按照菲利普·佩蒂特指出："投票前，成员们应当就共同关心的问题更倾向于哪一决定进行审议。"因此，它既要求投票者就他们应当怎样投票进行审议或者提出理由，不仅仅以未经思考、自发的或反射的方式投票，也要求投票者去思考什么对整个社会和整个团体是最有利的。④只有以理性的判断进行审议，才能做出深思熟虑的思考与选择。理性之所以重要，是在于理性内在地包含了普遍理性意识、公共意识或公共理性、

---

① Deliberative Democracy, Jon Elster（ed.），Cambridge University Press, 1998, p. 8.

② Robert A. Dahl, After the Revolution? Yale University Press, 1970, pp. 67—68.

③ 【美】汉密尔顿、杰伊、麦迪逊：《联邦党人文集》，程逢如等译，商务印书馆 1980 年版，第 60 页。

④ 【美】詹姆斯·菲什金、【英】彼得·拉斯莱特主编：《审议民主论争》，张晓敏译，中央编译出版社 2009 年版，第 147—148 页。

责任意识和明理意识。普遍理性意识即"人类共有的理性",它要求人们的思考、观点和行为要尊重和符合事实、逻辑以及整个人类都公认的一些普适性的善的价值;公共意识或公共理性要求人们在思考问题或做出选择时,应将公共问题看作公共对象,而不应将其仅仅看作个人从中谋取利益的私人化对象。责任意识要求在审议过程中,人们要对自己的选择予以认真权衡,对自己的选择会对他人或公共利益造成什么样的影响或后果要有充分的估计,也要对自己的选择可能出现的后果有勇于承担责任的思想准备。另外,在审议过程中还有提供论证、回应他人、修正观点、达成共识等具体审议责任。明理意识在审议过程中,要自觉地努力做一个懂道理、讲道理的审议者。一方面,自己的偏好要正当合理,而不是一味地自私自利或胡搅蛮缠;另一方面,对别人正当的价值观或利益诉求,应给予充分的理解和尊重。尤其当自己的偏好不合理时,应当努力矫正自己的偏好,实现偏好转换,以求在公共问题的解决上同其他审议者达成共识。①

第二,平等与自由对话。公民参与,是民主权利的具体体现,它意味着一种当家作主的权力与拥有自由表达的政治权利,也意味着具有不同表达权的真正机会的积极参与,不同观点的公民之间可以就共同关心的问题进行面对面的交流与对话。因此,审议民主就是各种观点平等自由地交流与对话。科恩指出:审议性民主的概念根基于这样一个民主联合体的直觉理想,在这个民主联合体中,对联合的条件和前提的论证,是通过平等的公民之间的公共论辩和讲理而进行的。在这种秩序中,公民共同承诺通过公开讲理来解决集体选择的问题,并且认为,他们的基本建制只要建立了自由的公共审议的框架,就是具有合法性的。② 平等交流与对话才是民主参与的核心内容,如果参与的人,没有对共同关心的问题进行充分的交流与对话,那么民主参与就几乎没有什么意义。交流与对话的过程其实就是公民相互之间就各自的意见、看法进行建设性交谈的过程,在这一过程中,不仅要批判性思考并理性地通过发言作出自己的诚实而有见解的判断,而且还要认真倾听并理解他人的想法。在交流对话过程中,要确保所有人拥有真正的发言权,一旦不同团体的人们共同参与审议对话,该过程就应当能够使每个人在平等的基础上参与。凡是参与审议的所有主体,没有领导与被领导、权力大小、职务高低、身份差异之分,人人都有平等参与审议的身份与资格进行自由的发言与倾听。所

---

① 张世明:《审议民主解析》,载《长江论坛》2010 年第 5 期。

② J. Cohen," Deliberation and Democratic Legitimacy", The Good Policy, ed. by A. Hamlin and B. Pettit, Oxford University Press, 1989, p. 21.

以，确保每个人平等、自由的发言权对于审议是非常重要的，这种发言需要的是理性的判断与独立思考，而不是人云亦云，抛弃狭隘的偏见和赤裸裸的权力优势，允许每个人都平和自由地阐述自己的观点与意见，而不是以权威或权势压制并贬低有些人的言论。所以，审议民主中的对话应当是所有参与者在自由、平等、和谐的环境中进行开放的、非强制的交流。只有保证所有公民在审议过程与决策机制中平等的发言权，才能使公共决策更具公共性。在发言中必须以这样的方式进行交流：其他任何公民都能够站在自己的立场上理解他们、接受他们，自由地对他们做出反应。[①] 非专制能够保证决策真实反映审议过程，社会不平等是阻滞对话性机制的重要因素，所有经历过权力不对称的人都知道，任何权力的不对称都使权力大的人不再积极地转换视角，而处于下风的审议者不能有效地参与，他们的反对性观点将被处于上风的参与者所遮蔽。[②]

在保障人人平等自由的表达权的前提下，每个人都必须使倾听像发言同等重要。因为许多人不太习惯倾听他人的意见，不管我们是否在日常背景中交谈或参与一个组织起来的过程，多数人只注意自身关切的事务而不力图去倾听理解他人在真正说什么，认真倾听他人的看法，不仅仅是一种尊重与礼貌态度，更是对话的应有之义，只有认真倾听，才能进行有意义的、建设性的对话，并使这种参与审议变得具有价值。只顾自己的发言与观点表达，而忽视或轻视他人的观点，则无法就共同问题进行实质性审议与对话。尤其是在一个有组织的审议过程中，总会有一些人比其他人更雄辩或更善于表达，因此，"鼓励倾听的过程会为那些怯于在陌生人面前暴露自己的情绪和想法的人减轻压力。充分倾听还能够增强人们之间的真正理解，甚至形成共鸣，因此也就增加其发现解决公共问题的共同基础的可能性"。[③] 因此，审议民主中每个人都有平等的机会自由发言，提出建议、批评和意见，平等的机会倾听与被倾听。

第三，过程与程序公开。公共审议的过程与程序应当是公开的。民主审议与民主选举的差异就在于审议的全过程是公开的，民主选举的秘密投票表达的是自己的偏好，是自由意志的体现，而此过程中，投票人没有义务公开其投票的动机或原因，选举制度的设计只保护选举人的自由意志的选择或偏

---

①　韩冬梅：《西方协商民主理论研究》，中国社会科学出版社2008年版，第42页。

②　【美】詹姆斯·博曼：《公共协商：多元主义、复杂性与民主》，黄相怀译，中央编译出版社2006年版，第59页。

③　【美】玛莎·麦科伊、帕特里克·斯卡利：《审议对话扩展公民参与：民主需要何种对话？》，载陈家刚选编：《协商民主》，上海三联书店2004年版，第108页。

好的选择。而审议民主则要求审议过程与程序公开，因为它是对公共政策的审查与判断，如果不公开，其他人就无从知道和理解参与者对公共政策的意见是什么，是反对还是赞成？是理性地思考的结果还是盲从的产物？只有公开阐明自己的偏好与理由，才能获得政策上的共识。过程与程序公开，意味着所有与审议有关的信息、个人赞成或反对的理由、理性讨论的结果都必须公开。每一个参与者必须知悉所有的与审议主题相关的一切信息，信息的充分了解是作出理性分析与思考的前提，信息不对称就意味着所获得的信息不全而失真，从而无法对整个决策作出最科学、合理的判断，最终影响对决策的认知与评断。每个参与者在对决策作出反对或赞成的态度时，必须公开陈述其理由，也就是说，为何作出这种判断？只有理由公开，参与者才能民主对话，否则没有理由的结论或判断，只能是任性或无理性的表现。所以，在审议过程中，不管对错，都要表达出自己的理由。"公开陈述观点的这项程序能迫使对个人的偏好或选择进行一种特定的反思；当向他人陈述其观点和立场的时候，个人就必须在公开场合向其他参与审议的成员提出好的理由。这一公开提出好的理由的过程，会迫使参与者去思考什么样的理由才是对所有相关人好的，因此，参与者被迫去从所有相关者的立场来思考选择，因为他所诉求的必须得到他人的赞同。"① 如果程序是公平的，那么结果也是公平的。只要结果是通过公平的多数原则程序产生的，那么民主决策就是公平的、合法的。所以，民主程序是合法性的源泉。

第四，尊重与包容。在审议中，要秉持"平等尊重每个具有明确观点的作为自治道德行为者公民的原则"，它意味着每个人都能对道德问题作出审慎和有洞察力的判断，更准确地说，所有人的观点不会因为种族、性别、阶级等原因而受到排斥。这意味接着在理性讨论中提出道德观点，每个公民的贡献都有思考的价值。② 所有的公民都有平等的机会，受到同样的鼓励，促进共同关心的问题的公共审议。尊重是相互的，尊重每一个参与审议的成员，认真地倾听是尊重，对他人的发言予以回应是尊重，以理服人而非以权势压人是尊重；没有任何人被排除在审议之外是包容，允许被决策所影响的任何人都具有同等的机会进入和参加讨论是包容，包容性贯穿审议的全过程，包容在于利益的多元性，在一个由多元文化与多元利益群体组成的社会中，不同

———————————

　① 【美】塞拉·本哈比：《民主与差异：挑战政治的边界》，黄相怀等译，中央编译出版社2009年版，第76—77页。

　② 【爱尔兰】梅维·库克：《审议民主的五个观点》，王文玉译，载陈家刚选编：《协商民主》，上海三联书店2004年版，第54页。

的文化、不同的利益团体的诉求是不尽一致的，譬如少数人要求其种族、宗教、性别或语言的身份权利得到社会的承认，所以审议民主就是基于多元文化与多元利益之间的交流、交往、理解与对话而产生的。只有包容不同的文化主体和利益主体的特定诉求，才能在公共审议的问题上达成共识。只有审议和决策越具有包容性，公民就越容易克服其近视和种族主义。① 因此，"为了具有合法性，公共协商必须是包容的，因而应该是结构性的，这样，所有公民都能够合理预期他们将影响决策"。② 审议民主的容忍是公共交往的重要的公民美德。

三、中国的协商民主

审议民主是西方自 20 世纪兴起的一种民主参与形式，自 21 世纪初引入中国之后，在我国学术界出现了研究审议民主的高涨热情。③ 仅就"协商民主"术语而言，由于我国学界在引入西方"审议民主"时就直接将其翻译为"协商民主"，所以"协商民主"的概念是伴随着学界对西方审议民主的研究而兴起的。但是，真正进入中共中央文件则是在 2012 年党的十八大报告中，十八大报告写道："健全社会主义协商民主制度。社会主义协商民主是我国人民民主的重要形式。"但是，协商民主的这一思想则是在 2006 年 2 月中共中央《关于加强人民政协工作的意见》中已经提出："人民通过选举、投票行使权利和人民内部各方面在重大决策之前进行充分协商，尽可能就共同性问题取得一致意见，是我国社会主义民主的两种重要形式。"2013 年 11 月党的十八届三中全会通过的《中共中央关于全面深化改革若干重大问题的决定》中则明确提出："协商民主是我国社会主义民主政治的特有形式和独特优势，是党的群众路线在政治领域的重要体现。"2015 年 2 月，中共中央印发了《关于加强社会主义协商民主建设的意见》，该《意见》明确了社会主义协商民主的本质属性和基本内涵，阐述了加强社会主义协商民主建设的重要意义、指

---

① 【美】詹姆斯·博曼：《公共协商：多元主义、复杂性与民主》，黄相怀译，中央编译出版社 2006 年版，第 89 页。

② 【美】詹姆斯·博曼、威廉·雷吉主编：《协商民主：论理性与政治》，陈家刚等译，中央编译出版社 2006 年版，第 2 页。

③ 2001 年哈贝马斯访华发表了"民主的三种规范模式"演讲之后，审议民主开始引入我国学界视野。2003 年俞可平在《理论参考》2003 年第 1 期发表了《当代西方政治理论的热点问题》，介绍了"审议民主"；林尚立在《学术月刊》2003 年第 4 期发表了《协商民主：对中国民主政治发展的一种思考》；陈家刚发表了《协商民主引论》并主编出版了"协商民主"的译文集。2006 年之后，审议民主开始在我国学界被普遍关注并研究。

导思想、基本原则和渠道程序，对新形势下开展政党协商、人大协商、政府协商、政协协商、人民团体协商、基层协商、社会组织协商等作出全面部署，是指导社会主义协商民主建设的纲领性文件。《意见》重申："社会主义协商民主是中国社会主义民主政治的特有形式和独特优势，是党的群众路线在政治领域的重要体现，是深化政治体制改革的重要内容。"并给"协商民主"下了定义："协商民主是在中国共产党领导下，人民内部各方面围绕改革发展稳定重大问题和涉及群众切身利益的实际问题，在决策之前和决策实施之中开展广泛协商，努力形成共识的重要民主形式。"2015 年 6 月在中共中央办公厅印发的《关于加强人民政协协商民主建设的实施意见》中则指出："社会主义协商民主是中国共产党和中国人民的伟大创造。"

中国的协商民主被冠之以"社会主义协商民主"，被视为是"中国社会主义民主政治的特有形式和独特优势"，是"中国共产党和中国人民的伟大创造"。可见，中国的协商民主与西方的审议民主是存在质的差异，因此，不能直接将"审议民主"与"社会主义协商民主"混同或等同。否则，容易引起西方的审议民主在我国早已存在并一直实践的错觉，甚至得出社会主义协商民主优越于西方的"协商民主"的结论。

应当说，西方出现的"审议民主"与"社会主义协商民主"产生的背景、内涵与方式是不同的。在西方社会，由于存在着"公民与国家之间的距离"，所以如何跨越这一距离是西方民主社会存在的现实问题。查尔斯·泰勒对此指出："西方社会的人们觉得现代的国家越来越无动于衷，越来越不能满足公民的需求与欲望，越来越受到自己内部的权力运作、官僚程序或精英政治所左右。'距离'所象征的意义，是表示政府机关已经与普通公民脱节了。换言之，公民觉得自由越来越无力影响政府的作为，也无法使自己的声音为政府所倾听。在过去半个世纪中，这个问题是否变得更糟，似乎仍可讨论，但毋容置疑，这确是当代西方民主国家的状况。不可否认的是，许多人觉得这个问题确实存在于当代西方民主政治中，而这种感觉本身也确实对我们的民主政权构成了相当大的威胁。例如，它使得许多人对政治避而远之，不再参与，甚至不去投票，而最终使得这个制度的合法性大不如前。"[①] 其实，民主在很大程度上就是一种精英民主，普通选民除了运用选举选出代表之后，几乎就远离了政府与国家，这就是为什么人们觉得现代的国家越来越无动于衷、越来越不能满足公民的需求与欲望、越来越受到自己内部的权力运作、

---

① 【加】查尔斯·泰勒：《公民与国家之间的距离》，李保宗译，载汪晖、陈燕谷主编：《文化与公共性》，生活·读书·新知三联书店 1998 年版，第 199 页。

官僚程序或精英政治所左右的根本原因；对政治冷漠的人被称为"无政治阶层"，这种阶层的人数，在现代社会中，一般占公民总数的五分之一到三分之一。① 正如德沃金所说："在所有的政府形式中，代议政府是唯一一种最具戏剧化的运作模式，因为在全体人民中，极少数的某些人能够比其他剩余的多数人拥有更多且庞大的政治权力；即使是在名义上每张选票都等值的原则下，这样的落差还是存在。"② 由于存在距离，人们不愿去投票也属正常，因为投与不投没有本质的区别。再加上西方社会还存在着两部分人：一是18岁以下的无选举权的人，一是不被授权者。在现代西方社会，由于未满18岁而不享有选举权的人口份额在美国是26%，在法国是24%，在英国是23%，在意大利是21%，在德国是19%。③ 而不被授权者是指没有政治意识的人，其本质是无声无息和保持沉默，他们包括年长者和低收入年长者、弱智者、慢性的或严重的精神病患者、土著、贫妇（包括单身母亲）、收容所的孩子、各种移民群体、避难者、被虐待的妇女、身体残疾者、下层社会青少年、有色人种等。④ 由于上述两部分人口的存在，使得西方社会各国中的真正参加登记选举的人口比例大幅减少，直接威胁到了政府的合法性问题。譬如，在2005年的英国大选中，作为"全体英国人民的党派"的工党仅仅获得超过36%的选票，这是自第二次世界大战以来政府获得的最低支持率。由于投票率只有61%，这意味着工党在投票选举中仅仅赢得了全体选民23%的支持率。⑤ 因此，审议民主的出现是解决民主参与不够的问题，强调选举民主之后公民参与到公共决策之中，凸显人民参与民主的实质意义，使民主真正成为人民的民主，而不仅仅是政治家的民主或精英民主。

社会主义协商民主则是伴随着中国政治协商制度而来的一种民主形式，是"中国共产党和中国人民的伟大创造，源自中国共产党领导人民进行革命、建设、改革的长期实践"。这一判断，显然表明，社会主义协商民主是中国共产党自身的发明，绝不同于西方的审议民主，它是"在中国共产党领导下，人民内部各方面围绕改革发展稳定重大问题和涉及群众切身利益的实际问题，

---

① 【美】罗伯特·A. 达尔：《现代政治分析》，上海译文出版社1987年版，第140页。

② Ronald Dworkin, Is Democracy Possible Here? Princeton University Press 2005, p. 142.

③ L. 坎皮格里奥：《政治参与、选举和经济政策：现代民主的三大问题》，载【加】A. 布莱顿等：《理解民主——经济的与政治的视角》，毛丹等译，学林出版社2000年版，第210页。

④ 【加】A. 布莱顿、M. 布莱顿：《民主与授权》，载【加】A. 布莱顿等：《理解民主——经济的与政治的视角》，毛丹等译，学林出版社2000年版，第190—191页。

⑤ Phillip Johnston , Bad Laws：An explosive analysis of Britain's petty rules, health and safety lunacies and madcap laws, Constable & Robinson Ltd, 2010, p. 8.

在决策之前和决策实施之中开展广泛协商，努力形成共识的重要民主形式"。它不是像西方社会一样解决人民参与民主不足的问题，而是"扩大公民有序政治参与、更好实现人民当家作主的权利"的重要途径。它包括政党协商、政府协商、政协协商、人大协商、人民团体协商、基层协商等协商渠道。① 社会主义协商民主的理论基础有二：一是群众路线；二是统一战线。

党的群众路线的工作方法是"从群众中来，到群众中去"。早在 1943 年毛泽东在《关于领导方法的若干问题》中就明确指出："在我党的一切实际工作中，凡属正确的领导，必须是从群众中来，到群众中去。这就是说，将群众的意见（分散的无系统的意见）集中起来（经过研究，化为集中的系统的意见），又到群众中去作宣传解释，化为群众的意见，使群众坚持下去，见之于行动，并在群众行动中考验这些意见是否正确。然后再从群众中集中起来，再到群众中坚持下去。如此无限循环，一次比一次更正确、更生动、更丰富。这就是马克思主义的认识论。"在群众路线的基础上，首先发展出了"社会协商"。1987 年党的十三大报告中明确提出了"建立社会协商对话制度"，要求"各级领导机关的工作，只有建立在倾听群众意见的基础上，才能切合实际，避免失误。领导机关的活动和面临的困难，也只有为群众所了解，才能被群众所理解。群众的要求和呼声，必须有渠道经常地顺畅地反映上来，建议有地方提，委屈有地方说。这部分群众同那部分群众之间，具体利益和具体意见不尽相同，也需要有互相沟通的机会和渠道。因此，必须使社会协商对话形成制度，及时地、畅通地、准确地做到下情上达，上情下达，彼此沟通，互相理解。建立社会协商对话制度的基本原则，是发扬'从群众中来、到群众中去'的优良传统，提高领导机关活动的开放程度，重大情况让人民知道，重大问题经人民讨论"。这种社会协商的实质就是协商民主，是群众路线在人民民主制度上的反映。直到十八届三中全会明确了协商民主是"党的群众路线在政治领域的重要体现"。换言之，社会主义协商民主是党的群众路线在我国政治领域的重要体现，群众路线是协商民主的主要理论来源，是执政党密切联系群众的主要桥梁和重要纽带。

统一战线曾是中国共产党在中国革命中战胜敌人的三大法宝之一。在当下，必须依靠工人、农民和知识分子，团结一切可以团结的力量，为社会主义建设事业而奋斗。根据我国 1982 年宪法规定，在长期的革命和建设过程中，已经结成由中国共产党领导的，有各民主党派和各人民团体参加的，包括全体社会主义劳动者、拥护社会主义的爱国者和拥护祖国统一的爱国者的

---

① 参见《中共中央关于加强社会主义协商民主建设的意见》。

广泛的爱国统一战线。而中国人民政治协商会议则是具有广泛代表性的统一战线组织。我国协商民主的专门协商机构就是人民政协，而政治协商则是协商民主的重要渠道。按照中共中央《关于加强人民政协协商民主建设的实施意见》的规定，"人民政协协商民主是在中国共产党领导下，参加人民政协的各党派团体、各族各界人士履行政治协商、民主监督、参政议政职能，围绕改革发展稳定重大问题和涉及群众切身利益的实际问题，在决策之前和决策实施之中广泛协商、凝聚共识的重要民主形式"。正如有学者指出："中国共产党能够在今天提出协商民主这一新的民主实现形式，不是偶然的，是有着深刻的实践来源的。这个源头，可以追溯到党的统一战线实践及其积累的丰富经验。"[1] 可见，统一战线是社会主义协商民主的理论来源之一。

四、社会主义协商民主何以协商？

社会主义协商民主的形式不同，协商的方式有所不同。根据《中共中央关于加强社会主义协商民主建设的意见》，我国的协商民主包括政党协商、政府协商、政协协商、人大协商、人民团体协商、基层协商。

政党协商则包括会议形式与提出建议方式。政党协商的会议形式，是指就党和国家重要方针政策、重大问题召开专题协商座谈会，由中共中央主要负责同志主持；就重要人事安排在酝酿阶段召开人事协商座谈会，由中共中央负责同志主持；就民主党派的重要调研课题召开调研协商座谈会，由中共中央负责同志主持，邀请相关部门参加；根据工作需要，召开协商座谈会，沟通思想、交换意见、通报重要情况，由中共中央负责同志或委托有关部门主持。完善中共中央负责同志与民主党派中央负责同志约谈形式。完善中共中央与民主党派中央书面沟通协商形式。提出建议的方式是指，民主党派中央每年以调研报告、建议等形式直接向中共中央提出意见和建议。民主党派中央负责同志可以个人名义向中共中央和国务院直接反映情况、提出建议。中共中央政治局常委、委员开展的国内考察调研以及重要外事活动，可根据需要、经统一安排邀请民主党派中央负责同志参加。

人大协商是指立法协商，即制定立法规划、立法工作计划，要广泛听取各方面的意见和建议，具体包括：（1）健全法律法规起草协调机制，加强人大专门委员会、常委会工作委员会与相关方面的沟通协商。（2）健全立法论证、听证、评估机制，探索建立有关国家机关、社会团体、专家学者等对立

---

① 李君如：《协商民主在中国》，人民出版社 2014 年版，第 66 页。

法中涉及的重大利益调整论证咨询机制。（3）拓宽公民有序参与立法途径，健全法律法规草案公开征求意见和公众意见采纳情况反馈机制。（4）对于法律关系复杂、意见分歧较大的法律法规草案，要进行广泛深入的调研、论证、协商，在各方面基本取得共识基础上再依法提请表决。（5）发挥好人大代表在协商民主中的作用，健全法律法规规章起草征求人大代表意见制度，增加人大代表列席人大常委会会议人数，更好发挥人大代表在立法协商中的作用。提高代表议案建议质量，有关方面要加强与代表的沟通协商，增强议案建议办理实效。建立健全代表联络机构、网络平台等形式，密切代表同人民群众联系。

政府协商是指行政协商，坚持社会公众广泛参与，加强与人大代表、政协委员以及民主党派、无党派人士、工商联等的沟通协商。专业事项坚持专家咨询论证。涉及经济社会发展重大问题、重大公共利益或重大民生的，重视听取社会各方面的意见和建议，吸纳社会公众特别是利益相关方参与协商。涉及特定群体利益的，加强与相关人民团体、社会组织以及群众代表的沟通协商。具体包括：（1）完善意见征集和反馈机制，在立法、设定决策议题、进行决策时广泛听取意见，及时反馈意见采纳情况。（2）规范听证机制，听证会依法公开举行，及时公开相关信息。（3）建立健全决策咨询机制，完善咨询程序，提高咨询质量和公信力。（4）完善人大代表议案建议和政协委员提案办理联系机制，建立和完善台账制度，将建议和提案办理纳入政府年度督查工作计划，办理结果逐步向社会公开。

政协协商是参政协商，主要包括国家和地方的大政方针以及政治、经济、文化和社会生活中的重要问题，各党派参加人民政协工作的共同性事务，政协内部的重要事务，以及有关爱国统一战线的其他重要问题等。政协通过会议进行协商的形式外，适当增加专题议政性常委会议和专题协商会次数，完善协商座谈会制度。更加灵活、更为经常地开展专题协商、对口协商、界别协商、提案办理协商，探索网络议政、远程协商等新形式。

人民团体协商是社会协商，即建立完善人民团体参与各渠道协商的工作机制。对涉及群众切身利益的实际问题，特别是事关特定群体权益保障的，有关部门要加强与相关人民团体协商。政协要充分发挥人民团体及其界别委员的作用，积极组织人民团体参与协商、视察、调研等活动，密切各专门委员会和人民团体的联系。人民团体要健全直接联系群众工作机制，及时围绕涉及所联系群众切身利益的问题开展协商。拓展联系渠道和工作领域，把联系服务新兴社会群体纳入工作范围，增强协商的广泛性和代表性。积极发挥对相关领域社会组织的联系服务引领作用，搭建相关社会组织与党委和政府沟通交流的平台。

基层民主协商包括乡镇与街道的协商、行政村与社区的协商、企事业单位的协商三种形式。乡镇、街道的协商指围绕本地城乡规划、工程项目、征地拆迁以及群众反映强烈的民生问题等，组织有关方面开展协商。加强乡镇、街道对行政村、社区协商活动的指导。跨行政村或跨社区的重要决策事项，根据需要由乡镇、街道乃至县（市、区、旗）组织开展协商。行政村、社区的协商是坚持村（居）民会议、村（居）民代表会议制度，规范议事规程。积极探索村（居）民议事会、村（居）民理事会、恳谈会等协商形式。重视吸纳利益相关方、社会组织、外来务工人员、驻村（社区）单位参加协商。通过协商无法解决或存在较大争议的问题或事项，应提交村（居）民会议或村（居）民代表会议决定。企事业单位的协商是健全以职工代表大会为基本形式的企事业单位民主管理制度。畅通职工表达合理诉求渠道，健全各层级职工沟通协商机制。积极推动由工会代表职工与企业就调整和规范劳动关系等重要决策事项进行集体协商。逐步完善以劳动行政部门、工会组织、企业组织为代表的劳动关系三方协商机制。

以上就是根据《中共中央关于全面深化改革若干重大问题的决定》的要求而建构的中国社会主义协商民主体系。协商民主的方式是民主与集中。所谓"民主"与"集中"，是指由参与者提意见或提建议，然后由组织协商者把分散的无系统的群众意见集中起来，经过研究，化为集中的系统的意见。

五、公民参与权与知情权：协商民主的权利表达

作为我国民主政治形式的民主协商，其宪法上的权利表达就是公民的参与权与知情权。公民参与权即依法参与国家和社会事务管理的权利是宪法第 2 条第 3 款明确确认和规定的，属于公民的基本权利，有学者将选举权、被选举权、担任公职权、参加听证、参与民意调查、提出意见、建议权等视为公民参与权内容。[①] 宪法意义上的参与权包括政治参与和公民参与，政治参与指的是公民直接参与选举投票的政治活动；公民参与是指公民直接介入政府管理和公共政策过程，即具有共同利益、兴趣的社会群体，介入政府涉及公共利益事务的决策，或提出意见与建议的活动。[②] 《布莱克维尔政治学百科全

---

① 黄学贤、齐建东：《试论公民参与权的法律保障》，载《甘肃行政学院学报》2009 年第 5 期，第 118 页。

② 李艳芳：《公众参与环境影响评价制度研究》，中国人民大学出版社 2004 年版，第 16 页。

书》把政治参与界定为："参与制定、通过或贯彻公共政策的行动"；① 亨廷顿也指出："公众参与是影响政治发展的重要渠道，公众参与的程度和规模是衡量一个社会政治现代化的一个重要尺度。"② 无论是政治参与或公民参与都是衡量政治文明程度的重要指标。在我国，公民参与权除了选举权外，更主要的是表现为民主决策、民主管理、民主监督的权利行使，其主要制度载体则是协商民主制，即通过各种途径、各种渠道、各种方式进行广泛公众协商，如提案、会议、座谈、论证、听证、公示、评估、咨询、网络、民意调查等都是公众参与民主协商的有效方式。协商民主的主体应当是所有与协商事项具有利害关系人或相关人或他们的代表，因为个人是自我利益进行判断的最好法官，政治决策的好坏直接影响到每一个人，所以凡是条件允许，就应当让每一个人都要参与到决策的公共对话与讨论中来，譬如一个单位、一个团体或利害关系人是少数人等；若是针对全国性的或较大区域性的事务，在人人参与不现实的情形下，应当允许人们委托他们利益的代表者参与公共事务的协商活动之中，代表是人民的缩影，公正与平等的代表能够体现与反映人民的利益、情感、观点与看法，在这种情况下，他们将代表所有公民提供公共舆论的图景。因此，在此意义上，约·埃尔斯特才说："所有将受到这一决策影响的人或其代表都参与了该集体决策。"③ 因此，公民参与是协商民主的本质，只有人人参与的实质意义得以实现，人民参与的协商民主才能保障政治决策的合法性。

公民参与权的行使必然伴随公民知情权的获得。公民知情权是人民主权原则的必然要求，人民是国家权力的所有者，国家机关的全部权力都源自人民的委托与授予，他们之间的关系类似于民法上的代理人与被代理人的关系，代理人在代理权限内，以被代理人名义实施的法律行为，因此被代理人有权对代理人的活动具有知情权。因此，宪法意义上的知情权是指公民应当知悉并获得与国家管理公共事务活动相关所有信息的权利。人民参与民主政治，实现当家作主的民主权利，首先要有接受信息和获得信息的权利，由于各种管理国家与社会事务的信息由政府掌握，因此公民必须具有从官方或非官方获知有关情况的权利，这是参与政治与民主协商的前提。就协商民主而言，它要求每一个参与协商的人都必须知悉所有的与协商议题相关的一切信息，

---

① 【美】戴维·米勒、韦农·波格丹诺：《布莱克维尔政治学百科全书》，邓正来译，中国政法大学出版社，1992 年版，第 563 页。

② 【美】塞缪尔·P. 亨廷顿：《变化社会中的政治秩序》，李盛平译，华夏出版社 1988 年版，第 67 页。

③ Deliberative Democracy, Jon Elster（ed.），Cambridge University Press，1998，p. 8.

因为信息的充分了解是作出理性分析与思考的前提，信息不对称就意味着所获得的信息不全而失真，从而无法对整个决策作出最科学、合理的判断，最终影响对决策的认知与评断。因此，在协商民主过程中，参与者对于相关信息的获得与知悉是参与权实现的前提。日本宪法学家芦部信喜指出：对知情权的保障，使公民有机会充分获取对个人而言至关重要的各种信息，使得个人发展自身人格以及实现自身价值成为可能，在一定程度上说是公民其他的基本权利得以实现的基础。①

---

① 【日】芦部信喜：《现代人权论 · 违宪判断的基准》，日本有斐阁 1987 年版，第 384 页。

第五章　公民言论表达权：全过程人民民主的应有之义

公民的表达权是我国政法话语中特有的权利概念，它首次由 2006 年党的第十六届六中全会通过的《中共中央关于构建社会主义和谐社会若干重大问题的决定》所提出，该《决定》指出："依法保障公民的知情权、参与权、表达权、监督权。"① 此后，表达权在党政文件之中被频繁确认。② 有学者指出："表达权"一词目前未曾在法律文本中出现过。③ 表达权是对宪法上的公民言论表达自由权的扩展，其核心含义是宪法上的言论表达自由的权利，即宪法第 2 章"公民的基本权利"中第 35 条关于"公民有言论、出版、集会、结社、游行、示威的自由"。内心的思想或观点，只有表达于外部、传达于他人，才能发挥其社会性效用，因此，言论表达自由是极为重要的宪法权利。在我国，公民既可以通过言论表达，亦可通过出版、集会、结社、游行、示威等行为方式予以表达。此外，公民在参与民主过程中的表达以及宪法第 41 条规定的建议表达也属于表达权的范畴。

一、言论表达自由在我国宪法上的确立模式

考察世界各国宪法关于言论表达自由的确立模式，发现大致存在七种类型：第一种是权利 + 义务模式；第二种是权利 + 法律比例限制模式；第三种是权利 + 义务 + 法律比例限制模式；第四种是禁止立法限制模式；第五种是权利 + 禁止公权力预先审查 + 禁止立法限制模式；第六种是权利 + 禁止公权力预先审查 + 义务模式；第七种是权利 + 禁止审查 + 法律比例限制 + 义务模式。

（一）权利 + 义务模式是指宪法条款既授予公民享有言论表达自由的权

---

① 中共中央文献研究室：《十六大以来重要文献选编》（下），中央文献出版社 2008 年版，第 657 页。

② 党的十七大、十八大、十九大报告和国务院新闻办公室发布的系列《国家人权行动计划》及印发的多个文件中均反复确认。

③ 郭春镇：《作为中国政法话语的表达权》，载《法学家》2021 年第 5 期，第 116 页。

利，同时又设定了行使言论表达自由所应当遵循的义务。该模式最早为法国1789年《人权宣言》所创设，第11条规定："自由交流思想和观点是人类最宝贵的权利之一；所有公民均有言论、著述和出版的自由，但应依法承担对滥用此项自由权利的责任。"俄罗斯联邦宪法第29条规定："保障每个人有思想和言论的自由。禁止从事有可能挑起社会的、种族的、民族的或宗教的仇恨和敌视的宣传与鼓动。禁止宣传某种社会的优越论，禁止宣传某个种族的、民族的、宗教的优越论或者语言的优越论。"该模式可具体分为两种情形：一是同一条款既赋权又设定义务；二是不同条款分设赋权与义务。采取第一种情形模式的国家包括克罗地亚、立陶宛、摩尔多瓦、摩洛哥、葡萄牙、巴林、哈萨克斯坦、吉尔吉斯斯坦、柬埔寨、科威特、马尔代夫、沙特阿拉伯、埃及、多哥、刚果（布）、吉布提、卢旺达、摩洛哥、南苏丹、尼日尔、苏丹、索马里、乍得、秘鲁、哥斯达黎加、墨西哥、萨尔瓦多、苏里南、委内瑞拉、基里巴斯、汤加、图瓦卢等；采取第二种情形模式的国家包括克罗地亚、马其顿、雅典、意大利、阿曼、不丹、朝鲜、卡塔尔、老挝、土库曼斯坦、叙利亚、越南、阿尔及利亚、贝宁、赤道几内亚、科特迪瓦、马里、毛里塔尼亚、坦桑尼亚、乌干达、巴西、厄瓜多尔、哥伦比亚、古巴、海地、尼加拉瓜、巴布亚新几内亚等。

（二）权利＋法律比例限制模式是指宪法赋予言论表达自由权利的同时，设定了法律限制言论自由表达应当遵循比例原则。该模式为世界大多数国家宪法所采纳。如阿尔巴尼亚共和国宪法第21条规定"保障言论自由"；第17条则规定："对本宪法所规定的权利和自由的限制，只能因公共利益或者保护他人的权利而由法律予以规定，限制应当与规定的情形成比例。"采取该模式的国家包括爱尔兰、奥地利、白俄罗斯、保加利亚、芬兰、黑山、拉脱维亚、马耳他、瑞士、塞尔维亚、塞浦路斯、圣马力诺、斯洛伐克、乌克兰、希腊、匈牙利、英国、阿塞拜疆、巴基斯坦、格鲁吉亚、马来西亚、孟加拉国、缅甸、尼泊尔、斯里兰卡、泰国、土耳其、乌兹别克斯坦、新加坡、也门、伊朗、印度、约旦、博茨瓦纳、布基纳法索、厄尔特利亚、佛得角、冈比亚、津巴布韦、喀麦隆、肯尼亚、莱索托、利比里亚、马达加斯加、马拉维、毛里求斯、莫桑比克、纳米比亚、南非、尼日利亚、塞拉利昂、塞舌尔、圣多美和普林西比、赞比亚、安提瓜和巴布达、巴巴多斯、巴哈马、伯利兹、圭亚那、加拿大、圣基茨和尼维斯圣卢西亚、圣文森特和格林纳丁斯、危地马拉、牙买加、智利、斐济、马尔绍群岛、瑙鲁、萨摩亚、所罗门群岛等。

（三）权利＋义务＋法律比例限制模式是指宪法既赋权，也设定行使权利的义务，同时还设定了法律比例限制原则。如爱沙尼亚宪法第45条规定：每个人均有口头等方式自由传播思想、见解、信仰和其他信息的权利；但是，为了维持社会秩序，维护道德，为了捍卫他人的权利和自由，保护他人的健康、荣誉和名誉，可以以法律形式对此项权利进行限制；第 19 条规定："每个人在行使自己的权利和自由以及履行义务的时候，都应当尊重和顾及他人的权利和自由，并应当遵守法律"；第 17 条规定"禁止蓄意诽谤任何人的荣誉和名誉"；第 11 条规定："只有依照本宪法的规定，才能限制权利和自由。这些限制性规定是民主社会所必需的，但不应当歪曲被限制权利和自由的本质"。其他国家如印度尼西亚等。

（四）禁止立法限制模式是指宪法明确规定国家立法机关不得制定法律剥夺言论自由，这一宪法确立言论表达自由的模式最典型的是美国，《权利法案》第 1 条规定：国会不得制定剥夺言论自由或出版自由的法律。此外，菲律宾共和国宪法第 4 条规定：不得通过任何剥夺言论自由等权利的法律。洪都拉斯政治宪法第 64 条规定：法律、政府或者其他规定均不得对本宪法所承认的宣言、权利及保障的施行做减弱、限制或歪曲的调整。

（五）权利＋禁止公权力预先审查＋禁止立法限制模式是指宪法赋予言论表达自由的同时，不仅规定禁止公权力事前予以审查，而且还禁止以法律予以限制。如德国基本法第 5 条规定：人人享有以语言、文字和图画自由发表和传播观点的权利；对此不得进行审查；第 19 条规定：依照本基本法规定，如某项基本权利可通过法律或依照法律予以限制，该法律须具有普遍适用效力；任何情况下均不得触及基本权利的实质内容。采取该模式的国家包括安道尔、冰岛、西班牙、巴拉圭、多米尼加等。

（六）权利＋禁止公权力预先审查＋义务模式指宪法赋予言论表达自由权利，同时禁止预防性审查，但公民应当遵守法律及其公共义务。如波兰宪法第 54 条规定："每个人均有表达意见、获取和传播信息的自由。禁止对社会传播方式和新闻许可进行预防性审查。"第 82 条规定："对波兰共和国忠诚和关心共同利益是每个波兰公民的义务。"第 83 条规定："人人均应当遵守波兰共和国法律。"第 84 条规定："人人均应当履行其责任和法律规定的公共义务。"丹麦王国宪法第 77 条关于"任何人均有权在刊物、著作和发言中表达思想，但须对法院负责。禁止事前审查和其他预防性措施"的规定，也属于此类模式。采取该模式的国家包括荷兰罗马尼亚、东帝汶、韩国、日本、亚美尼亚、阿根廷、巴拿马、玻利维亚、乌拉圭等。

（七）权利＋禁止审查＋法律比例限制＋义务模式是指宪法既赋予言论表达自由的权利，也设定了行使权利所履行的义务，同时规定了禁止审查权利行使以及法律比例限制原则。如埃塞俄比亚宪法第 29 条规定：每个人的自由表达权不受干预；禁止任何形式的审查机制；该等权利不应被限制，除非根据相关法律，而该法律必须以不因所表达之观点的内容或者产生的影响而限制表达自由为原则；为了保护青少年的福祉及个人的荣誉、名誉，得以用法律规范限制。法律禁止任何鼓吹战争以及公开宣扬意图伤害人格尊严的行为。

我国《宪法》关于言论表达自由的确立模式采取的是第一种模式即权利＋义务模式，且是以不同的条款共同确立了言论自由的"规范束"。这些"规范束"由宪法第 4 条第 1 款、第 33 条第 4 款、第 35 条、第 41 条、第 38 条、第 51 条、第 52 条、第 53 条、第 54 条等九条款构成。第 35 条规定"中华人民共和国公民有言论、出版、集会、结社、示威、游行的自由"，该条是宪法对于公民一般言论自由权利的规定，但正如美国菲斯教授所说："第 35 条仅是故事的开始"，毕竟它只是"宪法'公民的基本权利和义务'一章中的一个条款"；而第 33 条第 4 款、第 38 条、第 51 条、第 52 条、第 53 条、第 54 条均是对第 35 条关于言论自由权利的限制。第 4 条第 1 款关于"禁止破坏民族团结和制造民族分裂的行为"的规定，是对破坏民族团结与制造民族分裂的言论的限制；第 33 条第 4 款规定"任何公民享有宪法和法律规定的权利，同时必须履行宪法和法律规定的义务"，这是为言论自由权利的行使预设一般宪法义务边界；第 38 条基于公民的人格尊严不受侵犯而规定"禁止用任何方法对公民进行侮辱、诽谤和诬告陷害"，这是对侮辱、诽谤、陷害等言论的限制；第 51 条则设定了公民行使言论自由权利的一般性义务，即言论"不得损害国家的、社会的、集体的利益和其他公民的合法的自由和权利"；第 52 条至第 54 条分别为公民行使言论自由设定了维护国家统一和全国各民族团结、必须遵守宪法和法律、保守国家秘密，遵守公共秩序，尊重社会公德、不得有危害祖国的安全、荣誉和利益的行为等义务。此外，笔者认为，宪法第 41 条第 1 款关于"中华人民共和国公民对于任何国家机关和国家工作人员，有提出批评和建议的权利"的规定，是对公民民主监督性言论自由的特别规定，应当将其视为对第 35 条言论自由的补充性规定，并构成了我国宪法关于言论自由"规范束"的内容。可见，我国宪法关于言论自由权利是由上述七个条款构成的"规范束"确立的，宪法不仅确认了公民的言论自由权利，而且也为言论自由权利的行使设定了义务边界。

我国宪法关于言论自由所采用的权利＋义务模式，与其他模式相比较，其特点在于：第一，公民行使言论自由时，需要遵守或履行宪法所规定的义务，体现了马克思关于"没有无义务的权利，也没有无权利的义务"的原则；第二，对于言论自由的限制，宪法交由国家最高权力机关以法律的形式予以实施。大多数国家的宪法采用宪法比例原则，对言论自由予以法律限制，我国宪法所规定的义务，实际上就是对言论自由的宪法限制，即直接以宪法义务限制言论自由权利的行使，而宪法义务又通过法律化，转化为法律义务。

二、言论表达自由的宪法权利属性分析

我国宪法上的言论表达自由，作为一种宪法基本权利，其权利属性是政治权利还是包括非政治权利，在我国宪法学界依然存在争论，这集中体现在对宪法第 35 条所规定的公民言论表达自由权利属性的认识上。归纳起来，主要存在三种观点：第一种是宪法学界通说即政治权利属性论，该观点认为宪法第 35 条之言论表达自由属于政治权利；第二种是一般性权利属性论，即认为宪法第 35 条之言论表达自由属于一般性权利，它既包括政治性言论表达自由，也包括非政治性言论表达自由；① 第三种是个体自由与政治自由分离论，它认为宪法第 35 条之言论自由与第 41 条批评和建议权之属性是分离的，前者属于个体自由，后者属于政治权利。②

（一）言论表达自由属于政治权利吗？

目前宪法学术界主流观点普遍认为宪法第 35 条确立的"公民有言论……的自由"仅仅属于政治权利，非政治权利言论表达不属于言论表达自由范畴。譬如：1983 年群众出版社出版的由吴家麟主编、许崇德、肖蔚云副主编的高等学校法学统编教材《宪法学》就把"言论自由"置于"政治权利和自由"条目下，并认为宪法第 35 条规定的这些自由"都是公民关心国家大事、表达自己的见解和愿望以及参加国家政治生活不可缺少的民主自由权利"。③ 徐显明、闫国智认为：言论自由是公民的政治权利；言论自由，根据我国刑法关于剥夺政治权利所含内容的解释，被归之于政治权利的范围之内。④ 徐显明主编的《公民权利义务通论》也认为言论自由属于政治权利和自由。⑤ 许崇德认为："宪法的哪些规定应属于公民的政治权利和自由的范围，这个问题似乎是不容争议的。……政治权利的内容包括：宪法规定的选举权和被选举权，言论、出版、集会、结社、游行、示威的自由，这是普遍认可的观念。"⑥

① 陈明辉：《言论自由条款仅保障政治言论自由吗》，载《政治与法律》2016 年第 7 期，第 84 页。
② 徐会平：《中国宪法学言论自由观反思》，载《学术月刊》2016 年第 4 期，第 92 页。
③ 吴家麟：《宪法学》，群众出版社 1983 年版，第 368 页。
④ 徐显明、闫国智：《言论自由的法律思考》，载《法学》1991 年第 8 期，第 4 页。
⑤ 徐显明：《公民权利义务通论》，群众出版社 1991 年版，第 153 页。
⑥ 许崇德：《中华人民共和国宪法史》（下卷），福建人民出版社 2005 年版，第 493 页。

"马工程"教材《宪法学》也把"言论自由"置于"政治权利"条目下。① 韩大元、王建学认为："宪法规定的言论自由实际上是政治言论自由，构成政治权利的实体内容。"② 宪法学其他教科书持有相同的观点。③ 有青年学者也主张："我国宪法第 35 条应解释为政治自由条款。"④ 最能够反映言论自由属于政治权利观点的是我国现行刑法第 54 条之规定，该条款把剥夺"言论自由"作为剥夺政治权利的内容之一，从而"被剥夺了政治权利的人是不能享受这些自由的"。⑤ 由于刑法是由全国人大制定的，实际上是全国人大以立法的形式解释了言论自由的权利属性。可见，在我国，从宪法界学术主流观点到国家最高权力机关的立法性宪法解释，皆把言论表达自由仅仅视为政治权利或自由，换言之，那些非政治性言论即不属于言论表达自由保护的内容。

中国宪法主流学界和国家最高权力机关之所以将现行宪法第 35 条所规定的言论表达自由仅仅归为政治权利和自由，是与 1954 年宪法制定有密切联系的：一方面基于我国 1954 年宪法对苏联 1936 年宪法的借鉴；另一方面出于1954 年立宪者的原意。溯其根源，众所周知，1954 年宪法制定不仅出自斯大林的建议，而且也借鉴了 1936 年苏联宪法的内容。对 1954 年宪法作过专门研究的韩大元教授针对斯大林建议中国领导人制定宪法一事曾评价说："斯大林对新中国制定宪法的建议提出了政权的合法性与合宪性的重大问题，促使中共中央重新思考制宪时机问题，并从政权存在与发展的角度认识到以正式宪法确认政权合法性的必要性。可以说，斯大林建议对中共中央为制宪作出政治决断产生了重要影响。"⑥ 同时，1954 年中共中央委员会起草的宪法草案初稿第 80 条与宪法正式草案第 87 条明显受到了 1936 年苏联宪法第 125 条的影响；⑦ 尽管 1954 年宪法（草案）与苏联 1936 年宪法相同的部分只有 33 条，⑧ 但是关于言论表达自由的内容无疑深受苏联 1936 年宪法第 125 条的影

① 《宪法学》编写组：《宪法学》，高等教育出版社、人民出版社 2011 年版，第 210—211 页。
② 韩大元、王建学：《基本权利与宪法判例》，中国人民大学出版社 2013 年版，第 165 页。
③ 许崇德主编：《中国宪法》，中国人民出版社 1996 年版，第 411 页；周叶中主编：《宪法》，高等教育出版社 2005 年版，第 271 页；刘茂林：《中国宪法导论》，北京大学出版社 2009 年版，第 275 页。
④ 孟凡壮：《中国宪法学言论自由观的再阐释》，载《政治与法律》2018 年第 2 期，第 123 页。
⑤ 林纪东：《比较宪法》，五南图书出版公司 1975 年版，第 62 页。
⑥ 韩大元：《外国宪法对 1954 年宪法制定过程的影响》，载《比较法研究》2014 年第 4 期，第 55、61 页。
⑦ 1936 年苏联宪法第 125 条规定："为了适合劳动人民的利益和巩固社会主义制度，法律保障苏联公民享有下列各种自由：（一）言论自由；（二）出版自由；（三）集会自由；（四）游行和示威自由。"
⑧ 韩大元：《外国宪法对 1954 年宪法制定过程的影响》，载《比较法研究》2014 年第 4 期，第 55 页。

响。何华辉对此指出："苏联宪法的这一规定把言论、出版、集会、结社、示威等自由归入政治自由之内。这就是本书把上述自由列为政治权利的宪法依据。"① 由此可知，把言论表达自由当作政治权利的依据应当是借鉴了苏联的宪法观点。从立宪原意解释方法观之，确定条款的含义的方法莫过于考察通过该条款时的历史。据史料记载，1954 年 5 月 6 日至 22 日，宪法起草座谈会各组召集人召开的联席会议对中共中央委员会提出的宪法初稿进行过讨论，在讨论第 80 条时，胡愈之发言说："所谓政治权利，一是选举权，一是言论、出版等等的自由。信仰宗教自由，不是政治权利。"作为法学家的周鲠生也指出："言论、出版等自由是政治权利，宗教信仰自由不是。"② 最终形成了1954 年宪法第 87 条。可见在当时，中国立宪者们把言论表达自由视为政治权利不存在任何异议。由于我国 1982 年宪法是以 1954 年宪法为蓝本修改制定的，第 35 条言论表达自由条款则是径直来自于 1954 年宪法第 87 条第 1 款"中华人民共和国公民有言论、出版、集会、结社、游行、示威的自由"之规定，因此，当下我国宪法学界关于言论表达自由之政治权利属性论无疑当归因于 1954 年立宪者之原意论。

当然，人们对于宪法第 35 条言论表达自由权利属性的认识与判断从立宪者原意中寻求答案无疑具有历史的正当性与合理性，因为"任何解释首先都是一个历史的研究任务"，弄清楚促使文本作者表达其信息的原因；然而，重建立法者赋予法律规范的意义和目的的历史解释，却常常不能达到所希望的准确性。③ 因为原意说强调的是解释者以追求历史的客观性、重构历史情境和作者原意为目标，但是这在实践中是无法完全做到的。④ 历史解释面临着"杰斐逊之问"——"地球属于活着的人，而不是死者"。⑤ 它表明成文法应当随着时代的进步而进步。卡尔·拉伦茨针对历史解释方法指出："解释的最终目标不是探求历史上的立法者之意志"，而只能是"探求法律在今日法秩序的标准意义"。⑥ 拉德布鲁赫指出："法学阐释要努力探究的意志，是立法者的意志，即仅在法律中体现的国家意志。不是法律起草人的意志，不是一种曾想到的观念，它是处在不断发展中的一种终结了的历史事实；它回答着具有新意义的、改变了的时代关系所提出的法律需要和法律问题，而对于这种意义，

① 何华辉：《比较宪法学》，武汉大学出版社 1988 年版，第 214 页。
② 韩大元：《1954 年宪法与新中国宪政》，湖南人民出版社 2004 年版，第 171—172 页。
③ 【德】伯恩·魏德士：《法理学》，丁晓春、吴越译，法律出版社 2003 年版，第 342 页。
④ 范进学：《法律原意主义解释方法论》，法律出版社 2018 年版，第 248 页。
⑤ 【美】罗斯科·庞德：《法律史解释》，曹玉堂、杨知译，华夏出版社 1989 年版，第 17 页。
⑥ 【德】卡尔·拉伦茨：《法学方法论》，陈爱娥译，商务印书馆 2003 年版，第 198—199 页。

法律起草人根本不会知道。"① 因此，即使 1954 年中国立宪者们在当时基于认识的水平而把言论表达自由视为政治权利，那么 1982 年的立宪者们乃至今日的宪法解释者在探究言论表达自由的权利属性时，未必必然受历史上的立宪者原意的限制与束缚，现行宪法上的言论表达自由是当代人的言论表达自由，而不是若干年前人们的言论表达自由，如果说在计划经济的时代人人都是"政治人"的话，那么在改革开放的新时代人人则是"理性人"与"自由人"；作为国家意义上的"政治人"，人们的身份、职业、报酬、地位等统统依赖于国家，将言论表达自由视为政治权利和自由未尝不可；但作为现代社会的理性人与自由人，其言论表达自由的权利不再仅仅拘泥于政治领域，而涉及除政治之外更广泛的社会、经济、文化、生态、私生活等领域，其权利归属不再是单一的政治权利自由，而是更广泛的基本权利或人权，这种广泛的基本权利不仅包含政治言论表达自由，而且也包含非政治言论表达自由。若将第 35 条言论表达自由仅仅归结为政治权利和自由，而把非政治性言论表达排除在宪法言论表达自由条款保护之外，无疑是将宪法上明文规定的"言论自由"等同于"政治言论自由"，这种限缩解释方法是值得检讨的，毕竟这种限缩性解释属于学理解释，作为有宪法解释权的全国人大常委会从未对言论自由条款的内涵作出过权威解释，更何况学者们的解释也只是一种习惯性地将言论表达自由归在政治权利或自由名目之下，并未对言论表达自由的权利属性作出过令人信服的学理分析，有学者对此指出：持政治自由说的学者"将自己捍卫的政治自由建立一个有待进一步检验的假设基础之上，在力图构筑一座政治自由宪法保护大厦时却并未能检验大厦的地基是否牢固"。② 仅仅将言论表达自由归于政治权利或自由名目下，还可能存在一种解释，那就是政治性言论表达自由属于政治权利自由，而非政治性言论表达自由不属于政治权利自由。即使全国人大以法律即《刑法》的方式解释政治权利包括言论表达自由，也可理解为只是包括政治性言论表达自由，而非包含非政治性言论表达自由，否则，岂非"当一个人被依法剥夺了政治权利的时候，他的任何言论都是被禁止的，这无疑是宣布人为动物"③ 吗？可见，对于言论表达自由属性与内涵，既可作限缩解释，亦可作扩大解释，至于解释结果是否具有合理性，应当取决于能否解决当代人所遭遇到的权利问题，若是无法涵摄并有效应对当代人所面对的全部权利问题，那么就必须舍弃固有的解释结论而

---

① 【德】拉德布鲁赫：《法学导论》，米健、朱林译，中国大百科全书出版社 1997 年版，第 170 页。
② 徐会平：《中国宪法学言论自由观反思》，载《学术月刊》2016 年第 4 期，第 92 页。
③ 徐显明、闫国智：《言论自由的法律思考》，载《法学》1991 年第 8 期，第 4 页。

选择趋于社会进步的、能够直面当代现实权利问题的解释结果。只有这样，才能使固有的宪法文本焕发勃勃生机，从而推动宪法与时俱进，使其不断适应社会的进步与时代的发展，从而有效解决当代人所面临的宪法权利问题。

（二）作为基本权利的言论表达自由

制宪者将第35条——中华人民共和国公民有言论……的自由——置于我国宪法第二章"公民的基本权利和义务"之下。本章共有24条，其中从第33条到第50条分别规定了公民权、法律平等权、选举权和被选举权、表达自由、宗教自由、人身自由、人格尊严权、住宅权、通信自由、批评建议等民主监督权、劳动权、休息权、社会保障权、受教育权、科学研究文学艺术等文化活动自由、男女平等、婚姻家庭权、华侨权益等，上述权利或自由构成了我国宪法第二章规定的公民的基本权利体系。

第35条规定的言论表达自由是承继第33条规定的公民权、法律平等权与第34条规定的选举权和被选举权之后的"基本权利"，宪法文本并没有任何暗示说言论表达自由等权利是"政治权利"，而恰恰是以明确的语言宣称言论自由是公民的基本权利。任何法解释皆从文义开始，文义解释方法被视为是方法论之基石。文义解释方法的意义就在于它确认了文本意图的独立性，文本的语言文字是保障人们行为的基本生活方式安定性的工具，只有通过法律语言文字所告知的意义，我们才能读懂立法者所要表达的意图。[1] 魏德士指出："立法者希望达到的具有决定性意义的调整目的必须首先在规范文义中寻找。"[2] 1824年美国最高法院首席法官马歇尔就指出："对于制定我国宪法的爱国者和通过它的人民，必须在其所用文字的本义上理解他们，文字的本义就是他们的意图。"1906年布鲁尔法官强调指出：马歇尔的话"虽然已过80多年，但仍然是宪法解释的规则"。[3] 既然我国宪法文本中没有任何关于言论表达自由属于政治权利和自由的明确的或暗示性的文字，那么仅仅从字义上就能够确定言论表达自由条款要表达的含义，那就是告诉一切人，言论表达自由是公民的基本权利，无论是政治性言论表达自由还是非政治性言论表达自由，都是作为公民基本权利的言论表达自由。只有把宪法上的言论表达自由视为基本权利，才能保障包括政治言论表达自由在内的所有言论表达自由，

---

① 范进学：《法律原意主义解释方法论》，法律出版社2018年版，第235页。

② 【德】伯恩·魏德士：《法理学》，丁晓春、吴越译，法律出版社2003年版，第323页。

③ 【美】詹姆斯·安修：《美国宪法解释与判例》，黎建飞译，中国政法大学出版社1994年版，第5页。

如果仅仅把第 35 条规定的言论表达自由作为"政治权利"而非基本权利，就会把应当属于基本权利的非政治言论表达自由排斥于基本权利宪法保护之外，从而就背离了我国宪法关于言论表达自由条款的意旨与目的。有学者指出："该条款采用了'公民有言论、出版、集会、游行、示威的自由'的句式，这是一种以个体对权利和自由的拥有为重点的表达，旨在强调言论自由对个体的意义。这是一个以个人权利和自由为中心的宪法条款。"① 这一观点笔者认为是正确的，换言之，该条款是所有个体的基本权利和自由，而不仅仅是个体的政治权利。若进一步从文义解释分析，我国现行宪法文本中提到"政治权利"的条款仅是第 34 条，该条在规定公民享有选举权和被选举权时，特别附加了一个"但书"，即"但是依照法律被剥夺政治权利的人除外"。宪法第二章所规定的所有公民的基本权利条款中，唯有第 34 条规定的选举权与被选举权之后附加了"但书"，对享有选举权与被选举权的主体作出了限制，其他基本权利享有主体未作出类似的限制，因此有学者据此得出结论说政治权利仅仅包括选举权与被选举权，其他权利是"与政治有关的权利"。② 尽管笔者并不赞成该学者关于政治权利的狭义界定，但从宪法文本的文义看，宪法没有把言论表达自由界定为"政治权利"确是事实。

实际上，第 35 条的言论表达自由规定具有文本结构上的开放性：

第一，权利属性的开放性，即这种表达自由属于公民的基本权利或人权范畴，属于所有个体的权利与自由，凡是以言论为表达形式的自由，无论是否是政治性言论，都是公民的基本权利或人权；正是在此意义上，潘恩指出："言论首先是人们永久的天赋权利之一"；而"天赋权利就是人在生存方面所具有的权利"，"他的天赋权利是他的一切公民权利的基础"，即"每一种公民权利都以个人原有的天赋权利为基础"。③ 法国连带主义法学大师莱昂·狄骥指出："对言论自由的确认，并不仅是想确认每个人都享有在内心依意愿思想和信奉的不可触犯的权利，同时还确认每个人享有通过口头或书面形式公开地对外表达自己的思想和信仰的权利"、"发表政治、哲学、科学及宗教观点的权利"。④ 可见，言论表达自由不限于对政治问题的表达，其范围覆盖所有的领域。

---

① 徐会平：《中国宪法学言论自由观反思》，载《学术月刊》2016 年第 4 期，第 92 页。

② 刘松山：《宪法文本中的公民"政治权利"——兼论刑法中的"剥夺政治权利"》，载《华东政法学院学报》2006 年第 2 期，第 6 页。

③ 【美】潘恩：《潘恩选集》，马清槐等译，商务印书馆 1981 年版，第 142—143、165 页。

④ 【法】莱昂·狄骥：《宪法学教程》，王文利等译，辽海出版社·春风文艺出版社 1999 年版，第 194 页。

第二，权利内涵的开放性，公民的言论表达自由是所有人以言论为表达方式的自由，它既包括政治性言论表达自由，也包括非政治性言论表达自由，如商业性表达言论、私人间公共空间的言论表达等。陈道英通过对法院民事裁判书的整理发现：法院但凡在判决中适用了言论自由条款的，实际上都承认这一条款的私人间效力。① 至于宪法第41条规定的批评与建议权以及控告与检举权应当区别对待，笔者认为，批评与建议权属于政治性言论，控告与检举权则不属于政治性权利；② 原因在于，批评与建议权是宪法赋予所有公民可以针对任何国家机关和国家机关工作人员都可享有的民主监督权，民主监督权则是公民极其重要的政治性权利，因而纳入第35条言论表达自由规范保护之中；但控告与检举权是针对国家机关及其工作人员的"违法失职"行为，行使控告或检举权的公民是受害者，因此，控告与检举权是公民权利受到公权力侵害后的诉愿权或请愿权（the right of petition），因而不属于政治性权利，否则，一旦作为政治权利而被依法剥夺，那么就无法为了自己的正当权利和合法权益而依法申诉或无法对确实侵害了自由合法权益的人提出控告。因而，第41条之批评与建议权涵摄于第35条言论表达自由条款之中。

第三，权利保障的开放性，即所有依法表达的言论自由均纳入公民基本权利保障的范围。同时，我国法院在审判实践中，几乎都认定宪法第35条规定的言论表达自由是宪法基本权利，湖南省高院在2019年一份行政裁定书中指出："本院认为，公民的言论自由系宪法和法律赋予公民的一项基本权利。"③ 陈道英通过103份法院民事裁判书分析，得出的结论是：样本中绝大多数判决都是或明示或默示地将言论自由作为宪法赋予公民的基本权利来处理的，只有3份判决，法院将言论自由视为民事权利。④

此外，言论表达自由的权利属性属于公民的基本权利也是世界各国宪法的普遍做法。经笔者统计，193个联合国成员国之中，除了欧洲的黑山共和国宪法⑤外，其他世界上所有国家的宪法都没有把"言论自由"归为"政治权利"，要么作为"权利和自由"或个人权利或基本权利或基本自由；要么作为

---

① 陈道英：《我国民事判决中宪法言论自由条款的解释》，载《华东政法大学学报》2017年第1期，第184—185页。

② 许崇德教授认为，宪法第41条规定的权利应不包括在政治权利和自由的范围之内（参见许崇德：《中华人民共和国宪法史》（下卷），福建人民出版社200年版，第494页）。

③ 《湖南省高级人民法院行政裁定书》（2019）湘行申451号，来源：中国裁判文书网。

④ 徐会平：《中国宪法学言论自由观反思》，载《学术月刊》2016年第4期，第92页。

⑤ 2007年《黑山共和国宪法》第二部分中将第47条"表达自由"列在"政治权利和自由"名目下。

"公民权利"或"民主权利"；连朝鲜民主主义共和国宪法和越南社会主义共和国宪法都将言论表达自由归为"公民的基本权利"。《世界人权宣言》第19条将言论表达自由看作人的权利自由；《公民权利和政治权利国际公约》第19条将发表意见自由首先作为"公民权利"；《欧洲人权公约》第10条规定的言论表达自由的权利也是属于人权范畴。因此，我国1982年立宪者将言论表达自由归为公民的基本权利是符合世界各国及国际人权立法的潮流的。

三、作为基本权利的公共言论表达自由与私人言论表达自由

言论表达自由是现代文明与民主社会宪法所确立的基本权利，是赋予作为社会的人的一种说话资格权。有人可能会产生误解，哪个社会的人不都有可以说话的权利吗？何需宪法"赋予"或"确权"？当然，即使奴隶社会，奴隶也可以说话，然而由于奴隶没有权利资格，其"言论"是非自由的，换言之，法律没有赋予奴隶自由"表达"的权利资格。因此，言论作为一种天赋人权，需要宪法"确权"，予以明确赋予并肯定，从而那种专制之下非自由"说话"才成为权利——一种"言论自由"的权利。因此，言论表达作为宪法上的基本权利，本身就包含着一切说话的权利或自由。从公共领域，到私人领域，一切言论表达都受到宪法的保护。作为世界上第一部宪法即美国的《权利法案》就将上述两种言论表达自由纳入保护的范围之中，美国学者亚历山大·米克尔约翰将言论区分为公共言论与私人言论，与统治事务有关、代表人们参与自治过程的言论是公共言论，而与统治事务无关的言论是私人言论，宪法第一修正案仅仅保障有关公共利益事项的言论自由，而言论中的私人利益即直接关涉私人利益、私人权利或者私人所有物的争论、探索、拥护或呼吁，受到"正当程序"条款的保障。[①] 尽管有学者对此提出了质疑，认为米克尔约翰的公私言论二分法存在诸如对宪法基本权利条款作了严重的限缩解释、公私言论二分法的划分标准难以明确以及不能断定言论自由条款只保障政治言论等问题，[②] 当然，米克尔约翰的观点即使在美国也不为最高法院所认可，1971年美国最高法院在科恩诉加利福尼亚州案中就明确指出：无论是言论的内容还是言论的形式都受到第一修正案同等保护的，"不雅言辞与济

---

① 【美】亚历山大·米克尔约翰：《表达自由的法律限度》，侯健译，贵州人民出版社2003年版，第67、82页。

② 陈明辉：《言论自由条款仅保障政治言论自由吗》，载《政治与法律》2016年第7期，第78—79、85页。

慈的抒情诗和邓恩的布道都受到言论自由的同等保护"。① 1976 年最高法院在弗吉尼亚州医药委员会案中，几乎全体法官一致裁定"商业言论"受第一修正案与第十四修正案的保护。② 然而，至少米克尔约翰的观点揭示了美国宪法上的言论表达自由包括政治性言论表达与非政治性言论表达两种自由，存在着两种而不是一种对于言论的保障。笔者认为，米克尔约翰关于言论表达自由的二分法对于我国的言论表达自由保护尤为具有借鉴意义。

第一，按照言论是否具有政治性，所有言论表达自然区分为政治言论表达与非政治言论表达，鉴于我国宪法学界关于言论表达自由权利性质的主流观点仍占上风，就更有必要将言论表达自由区分为政治言论表达自由与非政治言论表达自由两种自由。因为根据主流观点，只有政治言论表达自由才能纳入我国宪法言论表达自由条款并予以保障，其他言论表达均受法律的规制而不得受宪法的保护，例如：有学者明确表示：公共言论应受严格的宪法保护，私人言论不应被视为宪法上的"言论自由"而获得保护。③ 这种观点既不符合我国宪法第 35 条的立宪目的与宗旨，也不合乎世界各国宪法及国际人权公约关于言论表达自由一般性保护的发展趋势，因而，亟须将政治言论表达自由外的其他言论表达自由一并纳入言论表达自由条款并予以宪法保障，只有如此，才能使公民的言论表达自由视为一个整体，而不至于人为将言论表达自由予以割裂开来。

第二，按照言论是否具有公共性，所有言论亦可区分为公共言论表达与私人言论表达，然而它们仍然属于宪法上的言论表达自由而给予保障，不能人为地"将私人言论自由从言论自由条款中切割出来之后，并没有再将其置于其他的宪法权利条款之下，而是径直取消了私人言论自由的宪法权利地位"。④ 其实，在我国，私人言论表达自由为宪法所保护的方式，不是以权利授权而是义务的形式表达出来的，譬如宪法第 36 条关于任何个人不得歧视信仰宗教的公民和不信仰宗教的公民的规定、第 38 条关于"禁止用任何方法对公民进行侮辱、诽谤和诬告陷害"的规定以及第 53 条关于"公民必须……遵守公共秩序，尊重社会公德"的规定，就是基于私人言论表达自由而作出的限制性规定，换言之，歧视宗教信仰的公民言论表达，侮辱、诽谤和诬告陷害的私人言论表达以及破坏公序良俗的私人言论表达都不受宪法的保障，而

---

① See Cohen v. California, 403 U. S. 15, 24（1971）.

② See Virginia State Board of Pharmacy v. Virginia Citizens Consumer Council, 425 U. S. 748［1976］.

③ 姜峰：《言论的两种类型及其边界》，载《清华法学》2016 年第 1 期，第 52 页。

④ 刘松山：《宪法文本中的公民"政治权利"——兼论刑法中的"剥夺政治权利"》，载《华东政法学院学报》2006 年第 2 期，第 6 页。

其他私人言论表达是自由的，并受到我国宪法言论表达自由条款的保障。

第三，言论表达自由条款应当是一个统一的、严谨的、不可分割的条款，是所有言论表达都得以保护的法源条款。笔者赞成这种观点，即"言论自由条款的保障范围不应限定为政治言论自由，而应根据'言论自由'一词的基本文义，将其解释为持有和发表各种言论的自由"。① 如果将言论表达自由条款视为仅保护政治性言论表达或公共性言论表达，就割裂了言论表达自由条款的完整性与统一性，不仅缺乏充分的学理依据，也缺乏宪法上的依据。

四、我国宪法上的言论表达自由的义务边界

我国宪法是具有中国特色社会主义宪法，它深深镌刻着"中国特色"的烙印，其中的立宪指导思想就是坚持权利与义务一致性的原则，即"一个公民既要享受权利，又要承担义务；既享有广泛的自由，又要受纪律的约束。两者相互联系，不可分割。这一原则，贯穿于宪法始终"。② 我国宪法第二章的名称叫作"公民的基本权利和义务"，我国宪法第 35 条规定的言论表达自由权是属于"公民的基本权利和义务"范畴而不是美国宪法上的"权利法案"范畴，这种立宪模式决定了公民在行使言论表达自由的同时，还要承担宪法上的一般义务，即"任何公民享有宪法和法律规定的权利，同时必须履行宪法和法律规定的义务"（宪法第 33 条第 4 款）、"公民在行使自由和权利的时候，不得损害国家的、社会的、集体的利益和其他公民的合法的自由和权利"（第 51 条）。这种宪法义务就是对公民行使言论表达自由权利时所附加的一般性义务限制与约束：第一，必须履行宪法和法律规定的义务；第二，不得损害国家的、社会的、集体的利益和其他公民的合法的自由和权利。针对中国宪法这种模式，美国法学家菲斯指出："这种模式几乎在所有的社会主义国家都存在，但它很可能植根于中国的封建历史。"③ 确实，我国传统社会的权利往往是以"义务"的形式出现的，汉高祖刘邦的"约法三章"④ 就高度体现了我国传统法律文化的特色，即以义务而明示人们享有的生命、身体与财产等权利。然而，我国宪法关于权利与义务一致性的指导思想不仅完全

---

① 刘松山：《宪法文本中的公民"政治权利"——兼论刑法中的"剥夺政治权利"》，载《华东政法学院学报》2006 年第 2 期，第 6 页。

② 肖蔚云：《我国现行宪法的诞生》，北京大学出版社 1986 年版，第 54 页。

③ See Owen M. Fiss, Two Constitutions, 11 Yale Journal of International Law 492, 493（Spring 1986）.

④ 《史记·高祖本纪》记载："与父老约，法三章耳；杀人者死，伤人及盗抵罪。"

体现了马克思关于"没有无义务的权利，也没有无权利的义务"的理论，①
更合乎世界各国立宪趋势与国际权利公约的惯例，因为世界上几乎所有国家
的宪法和国际权利公约都为权利的行使设定了限制性条款，这些限制性条款
实质就是为公民行使宪法权利所附加的宪法义务。因此，言论表达自由从来
都不是绝对的，也没有哪个国家的言论表达自由是绝对的、不受限制的自由。
因此，分析我国公民言论表达自由的宪法义务边界，不仅有利于每个人更好
地行使权利，而且有利于人们分清哪些属于宪法所保护的言论表达，哪些言
论表达则不受宪法保护，从而辨别言论表达自由的权利边界，更好地维护宪
法赋予每一个人的言论表达自由。有学者指出："言论自由的边界及其对应的
义务主体等均有待于宪法解释予以明确。"事实上，我国现行宪法文本已经明
确规定了言论表达自由的义务边界，除了必须履行宪法和法律规定的义务外，
具体的义务性限制体现在 9 个宪法条款中，它们是：宪法第 1 条第 2 款、第 4
条第 1 款、第 36 条第 1 款、第 38 条、第 41 条、第 51 条、第 52 条、第 53
条、第 54 条，这 9 个条款构成了我国宪法上的言论表达自由的具体义务边
界。由于我国宪法是国家的根本法，在规范等级体系中处于基础规范的地位，
并构成了一切法律规范性文件的法源，因此，所有法律规范性文件对于言论
表达自由的限制性义务均可归到宪法上的某类义务边界之中。

（一）不得破坏社会主义制度

我国宪法第 1 条第 2 款规定："社会主义制度是中华人民共和国的根本制
度。中国共产党领导是中国特色社会主义最本质的特征。禁止任何组织或者
个人破坏社会主义制度。"我国社会主义制度是由根本政治制度、根本文化制
度、基本制度和重要制度构成的：宪法规定了我国根本制度即社会主义制度，
其中包含着党的领导制度；宪法规定了根本政治制度即人民代表大会以及中
国共产党领导的多党合作和政治协商制度、民族区域自治制度、基层群众自
治制度等基本政治制度；宪法规定了社会主义公有制、多种所有制经济、分
配制度、社会主义市场经济体制等基本经济制度；自然资源与土地制度；财
产保护制度；经济管理制度；社会保障制度；教育、医疗卫生制度；文化、
计划生育制度；生态环境保护制度；行政区划制度；"一国两制"制度；公民
基本权利制度；立法制度、行政制度、审判制度、检察制度、监察制度、军
事制度、国家主席制度等国家机构组织基本制度。上述制度构成了我国宪法
所确认的社会主义制度的基本内容。由于社会主义制度是国家的根本制度，

① 《宪法学》编写组：《宪法学》，群众出版社 1983 年版，第 396 页。

是立国之本，因此，任何言论表达都不得破坏社会主义制度。凡是煽动破坏上述社会主义制度的言论表达，都属于违宪违法行为，违者将承担相应的法律责任。我国刑法第 105 条第 2 款规定了公民不得造谣、诽谤或者其他方式煽动颠覆国家政权、推翻社会主义制度，否则将以颠覆国家政权罪追究其刑事责任。

（二）不得损害国家的、社会的、集体的利益和其他公民的合法的自由和权利

宪法第 51 条规定："中华人民共和国公民在行使自由和权利的时候，不得损害国家的、社会的、集体的利益和其他公民的合法的自由和权利。"这一条是宪法对公民行使所有基本权利的总的、一般性限制义务，因此，公民在行使言论表达自由时，就必须遵守之，否则将承担相应的法律责任。譬如：《民法典》第 111 条规定公民不得泄露他人的个人信息，就要求公民不得侵害到他人的信息权益与个人隐私权；《民法典》第 1169 条规定了不得教唆他人实施侵权或犯罪行为的言论，否则将与行为人承担连带法律责任；若教唆言论达到犯罪程度，则依据《刑法》第 29 条追究其教唆他人的刑事责任。对于负有特定职责的机构及其人员，也作出了相应的规定，譬如《民法典》第 1226 条规定：医疗机构及其医务人员言论不得泄露患者的隐私保密，若给患者造成损害的，应当承担侵权责任；刑法第 308 条之一第 1 款也规定了司法工作人员、辩护人、诉讼代理人或者其他诉讼参与人不得有泄露依法不公开审理的案件中不应当公开的信息言论，否则，也将追究相关人员的刑事责任。《民法典》第 185 条规定了不得侵害英雄烈士等的姓名、肖像、名誉、荣誉的言论。否则应当承担民事责任，因为英雄烈士的利益属于国家社会公共利益。

（三）不得歧视宗教信仰的公民

宪法第 36 条第 2 款规定，任何国家机关、社会团体和个人不得歧视信仰宗教的公民和不信仰宗教的公民，宪法赋予了公民必须承担不得歧视信仰宗教的公民和不信仰宗教的公民的义务。宗教信仰属于人们的思想自由范畴，信仰与不信仰都是公民的基本权利，每个人按照自己的意愿有信仰宗教的自由，也有不信仰宗教的自由，无论信仰与否，任何公民在政治、经济、社会、文化教育等各方面都一视同仁地予以平等对待，其他组织或个人都无权干涉。

（四）禁止侮辱、诽谤和诬告陷害

宪法第 38 条规定："中华人民共和国公民的人格尊严不受侵犯。禁止用

任何方法对公民进行侮辱、诽谤和诬告陷害。"法律针对侮辱、诽谤的言论表达作出了明确的规定，违者应当承担相应的法律责任。譬如：《民法典》第991条规定："民事主体的人格权受法律保护，任何组织或个人不得侵害。"第995条规定了侵害人格权应承担停止侵害、恢复名誉、消除影响、赔礼道歉或赔偿损失的民事责任。《最高人民法院关于审理名誉权案件若干问题的解答》第7条也规定："以书面或口头形式侮辱或者诽谤他人，损害他人名誉的，应认定为侵害他人名誉权。"《反不正当竞争法》第11条规定，"经营者不得编造、传播虚假信息或者误导性信息，损害竞争对手的商业信誉、商品声誉"。《治安管理处罚法》第42条规定公然侮辱他人或者捏造事实诽谤他人以及捏造事实诬告陷害他人的，给予治安管理处罚。《刑法》第305条、第378条还分别规定了公民不得作伪证、战时不得有造谣扰乱军心的言论，否则将承担刑事责任。

（五）不得破坏国家统一和民族团结

宪法第4条第1款规定，"禁止破坏民族团结和制造民族分裂的行为"。第52条规定："中华人民共和国公民有维护国家统一和全国各民族团结的义务。"国家统一的根本标志就是领土完整，中华民族历经数千年的不断融合，塑造了崇尚国家统一、维护国家统一的价值观念。国家统一是中华民族的崇高的信念与信仰。民族团结是各民族之间的团结和各民族内部的团结，它是党处理民族关系问题的准则。民族团结是各民族共同繁荣的前提，是祖国统一的基础，因此，必须维护民族团结，公民言论表达必须遵守宪法规定的义务。对此，《治安管理处罚法》第47条规定煽动民族仇恨、民族歧视的言论将给予治安管理处罚。刑法第102条、第103条、第249条还分别规定了不得危害中华人民共和国的主权、领土完整的言论，不得有煽动分裂国家、破坏国家统一的言论，以及不得有煽动民族仇恨、民族歧视的言论，否则将以背叛国家罪、分裂国家罪或以煽动民族仇恨、民族歧视罪追究其刑事责任。

（六）不得泄露国家秘密

宪法第53条规定了公民必须保守国家秘密的义务。何谓国家秘密？1988年《保守国家秘密法》第2条对国家秘密的概念作出了首次界定，"国家秘密是关系国家的安全和利益，依照法定程序确定，在一定时间内只限一定范围的人员知悉的事项"。第8条又以列举的方式规定的国家秘密事项包括：（1）国家事务的重大决策中的秘密事项；（2）国防建设和武装力量活动中的秘密事项；（3）外交和外事活动中的秘密事项以及对外承担保密义务的秘密事项；（4）国民经济和社会发展中的秘密事项；（5）科学技术中的秘密事项；（6）维护国家安全活动和追查刑事犯罪中的秘密事项；（7）其他经国家保密工作部门确定应当保守的国家秘密事项；（8）政党的秘密关系国家的安全和利益事项也属于国家秘密。2010 年修订的《保守国家秘密法》对1988 年版的作了确认。《保守国家秘密法》应当是全国人大常委会以法律的形式对宪法中的"国家秘密"概念所作的宪法解释，毕竟全国人大常委会是宪法赋予的、有权解释宪法的机关。不得泄露国家秘密的义务在于维护国家安全和利益，一旦泄露了国家秘密，就直接危害我国的国家安全。当然，由于"国家安全和利益"的概念具有极大的模糊性与高度的概括性，实践中仍难以把握。

（七）不得煽动扰乱公共秩序

宪法第 53 条规定了公民必须遵守公共秩序的义务。公共秩序包括公民必须遵守的生产、工作、教学、交通、公共场所以及社会和生活秩序，它是由法律、纪律和道德、习惯等确立的社会公共生活规则，不仅关乎共同体成员的生活质量，也关乎社会的文明程度。因此，对于煽动扰乱公共秩序的言论表达属于违宪行为。同时，刑法第 120 条规定了宣扬恐怖主义、极端主义、煽动实施恐怖活动罪以及强制穿戴宣扬恐怖主义、极端主义服饰、标志罪，这种言论就属于扰乱公共秩序，须依法追究其刑事责任。《治安管理处罚法》第 25 条规定散布谣言，谎报险情、疫情、警情或者以其他方法故意扰乱公共秩序的以及扬言实施放火、爆炸、投放危险物质扰乱公共秩序的，均处以行政处罚。刑法第 293 条还规定了辱骂、恐吓他人而破坏社会秩序的言论表达，这类言论将构成寻衅滋事的行为，予以追究刑事责任。《刑法》第 278 条规定了不得有煽动群众暴力抗拒国家法律、行政法规实施而危害公共秩序的言论表达，否则将追究其刑事责任，因为国家法律法规的实施属于公共秩序的范畴。

（八）不得违反社会公德

宪法第 53 条规定了公民必须尊重社会公德的义务。2001 年中共中央关于印发《公民道德建设实施纲要》指出，"社会公德是全体公民在社会交往和公共生活中应该遵循的行为准则"；我国宪法第 24 条把"爱祖国、爱人民、爱劳动、爱科学、爱社会主义"作为公德的内容加以提倡；党的十八大提出了"爱国、敬业、诚信、友善"作为公民的基本道德规范，应当是对社会公德内容的具体化，它覆盖社会道德生活的各个领域，成为新时代公民必须恪守的社会公德准则。违背社会公德的言论表达要承担相应的民事或刑事法律责任，《民法典》第 8 条规定：民事主体从事民事活动，不得违背公序良俗；《刑法》第 287 条之一规定发布有关制作淫秽物品的言论，将追究其刑事责任。

（九）不得危害国家安全、荣誉和利益

宪法第 54 条规定："中华人民共和国公民有维护祖国的安全、荣誉和利益的义务，不得有危害祖国的安全、荣誉和利益的行为。"维护祖国的安全、荣誉和利益是公民的宪法义务。祖国的安全，既包括国家政权不被颠覆和破坏，社会秩序不被破坏，也包括国家的主权、领土不受侵犯；祖国的荣誉主要指国家的尊严不受侵犯和不受玷污，国家的国际威望、声誉、形象不受损害；祖国的利益包括政治、经济、文化、安全等各个方面的内容。总之，祖国的安全是国家存在和发展的基本条件，也是每一个公民的权利和自由得以实现的前提与基础；祖国的荣誉关系着国家与人民的神圣尊严，关乎国家信誉与良好形象；祖国的利益则是人民的根本利益，它高于一切。因此，每个公民都应自觉履行维护祖国安全、荣誉和利益的宪法义务，否则要承担相应的法律责任，譬如《刑法》第 373 条规定了煽动军人逃离部队的言论表达，就是一种危害祖国安全的言论，必须承担刑事责任。

五、宪法建议表达权

宪法上的公民"建议表达权"是指"公民通过一定的形式向国家机关及其工作人员提出合理化建议"的权利。① 这里的公民建议权是一种狭义的建议表达权，仅仅是针对任何国家机关和国家工作人员所提出的合理性看法、意见和建议等表达。建议表达权是公民参与国家事务、经济社会文化事务权利的重要组成部分。根据宪法第 2 条第 3 款关于"人民依照法律规定，通过各种途径和方式，管理国家事务，管理经济和文化事业，管理社会事务"的规定，公民如何参与国家与社会事务的民主管理？从具体实施管理活动的主体看，管理的主体自然是国家机关与国家工作人员，如果是这样，公民可以做什么？毕竟，现代的国家与社会管理不是纯粹的专业管理，它更多地涉及公共事务的管理，政府不再是一台自动售货机，公民也不是这台自动售货机的被动消费者。对于公共事务的管理，"政府应该与人民携手解决公共问题"。公民除了通过非政府组织如工会、妇联等以及基层民主与群众自治组织如村

---

① 《宪法学》编写组：《宪法学》，高等教育出版社、人民出版社 2011 年版，第 231 页。

民委员会、居民委员会等参与管理国家与社会事务外，其中一个重要的路径就是向国家机关或国家工作人员就国家事务、社会经济文化事务中存在的问题提出自己的主张、看法与合理性建议表达。公民的意见与建议表达权是宪法上的公民言论自由，其对应的义务主体是国家机关和国家工作人员，换言之，一切国家机关和国家工作人员必须履行宪法上义务，即必须"倾听人民的意见和建议，接受人民的监督，努力为人民服务"。对于公民提出的建议表达，有关国家机关和国家工作人员必须予以回应或反馈，不能置之不理或不管不问，任其自生自灭。譬如，公民个人针对国家的法律、法规或规章向有关国家机关曾提出过若干修改或废止的建议案，迄今均未给予回应或反馈。这种做法均是对公民宪法基本权利的不尊重甚或侵犯，是对宪法第 27 条第 2 款所规定的国家机关及其工作人员宪法义务的违反。

公民建议表达权具有两方面的价值：一是个人意义上的价值，即实现自我的价值，个人通过表达权，传达自己的观点，与他人分享自己的看法，发展并丰富、完善个人的人格；二是有助于促进民主政治的完善与进步的社会性价值，公民通过表达权，广泛参与民主政治，并在参与活动中表达个人的意见、建议，促进社会共识的达成，并能够就某种议题找到社会最大公约数。因此，建议表达权构成了公民参与民主政治所不可缺少的前提性权利。

第六章 公民监督权：全过程人民民主的监督机制

　　早在 1945 年毛泽东同志回答黄炎培的历史周期率问题时就提出了人民监督权问题，他指出，"只有让人民来监督政府，政府才不敢松懈"。① 习近平总书记常常引用毛泽东同志这句话来强调人民监督的重要性。② 人民监督权在宪法上表现为人民监督、人大监督与公民监督。人民监督的对象是一切国家机关和国家工作人员，具体含义有二：一是对国家权力机关的监督。由于人民行使国家权力的机关是全国人大和地方各级人大，而全国人大与地方各级人大都由民主选举产生，故宪法第 3 条第 2 款规定国家权力机关"受人民监督"。人大监督的对象是各级国家机关，具体包括国家行政机关、监察机关、审判机关、检察机关，根据宪法第 3 条第 3 款的规定，各级国家机关都是人大产生，因而这些由人大产生的机关皆由人大监督。人大对国家机关的监督根据宪法第 67 条第 6 款、第 104 条的规定，具体由人大常设机关即人大常委会负责监督。同时，全国人大及其常委会负责宪法实施的监督，这种监督亦属于人大监督之重要内容。人大对国家机关的监督可视为是人民对国家机关的间接监督，即人民通过自己行使国家权力的机关即人大实现对国家机关的监督。二是对一切国家机关和国家工作人员的监督。宪法第 27 条第 2 款规定："一切国家机关和国家工作人员必须依靠人民的支持，经常保持同人民的密切联系，倾听人民的意见和建议，接受人民的监督，努力为人民服务。"公民监督的对象是国家机关及其工作人员，学界一般认为宪法第 41 条规定了公民的监督权，③ 该条规定："中华人民共和国公民对于任何国家机关和国家工作人员，有提出批评和建议的权利；对于任何国家机关和国家工作人员的违法失职行为，有向有关国家机关提出申诉、控告或者检举的权利，但是不得捏造或者歪曲事实进行诬告陷害。对于公民的申诉、控告或者检举，有关国

---

① 黄炎培：《延安归来》，文史资料出版社 1987 年版，第 57 页。

② 中央纪委、国家监委、中共中央党史和文献研究院编：《习近平关于坚持和完善党和国家监督体系论述摘编》，中央文献出版社、中国方正出版社 2022 年版，第 4、19、156 页。

③ 《宪法学》编写组：《宪法学》，高等教育出版社、人民出版社 2011 年版，第 230—231 页；龚廷泰：《认真对待公民监督权》，载《法治现代化研究》2021 年第 4 期，第 78 页。

家机关必须查清事实，负责处理。任何人不得压制和打击报复。由于国家机关和国家工作人员侵犯公民权利而受到损失的人，有依照法律规定取得赔偿的权利。"如果从学理上分析则会发现，上述六权即批评权、建议权、申诉权、控告权、检举权、取得赔偿权等是否属于公民监督权的范畴，实际上一直存在学术争议。① 笔者赞成六权说。本章将对此作出回应。

一、公民监督权

公民监督权作为宪法上的概念并非由宪法文本所规定，而是由学者们从宪法第 41 条抽象概括出来的。② 林来梵认为：宪法学所言的"监督权"是"概括出来的一个法学概念"。③ 的确，我国宪法和法律文本中从未出现"公民监督权"这一概念，但从现行宪法第 41 条所规定的内容看，完全是由我国国家性质所决定的。宪法序言清楚地表明了"中国人民掌握了国家的权力，成为国家的主人"的民主事实；宪法第 2 条第 1 款将"中华人民共和国的一切权力属于人民"确立为宪法基本规范，一切国家机关无论是权力机关、行政机关、监察机关、审判机关、检察机关、军事机关、国家主席等最终都向人民负责、受人民监督，所有国家机关及其工作人员的权力都是人民赋予的，都是人民的"公仆"，都必须接受人民的监督。因此，宪法第 27 条第 2 款明确规定："一切国家机关和国家工作人员必须依靠人民的支持，经常保持同人民的密切联系，倾听人民的意见和建议，接受人民的监督，努力为人民服务。"如果说"人民监督"是"形"，那么"公民监督"则为"实"。"人民"仅仅是一个抽象性、集合性、集体性、概括性概念，在日常宪法实践中，"人民"需转化为每一个具体的"公民"，只有每一个公民的监督，才

---

① 大致还有如下五种说法：六权说（批评权、建议权、申诉权、控告权、检举权、取得赔偿权），参见王月明：《公民监督权体系及其价值实现》，载《华东政法大学学报》2010 年第 3 期，第 38 页。五权说（批评权、建议权、控告权、检举权、申诉权），参见胡锦光、韩大元：《中国宪法》，法律出版社 2004 年版，第 295 页；另外，马克思主义理论研究和建设工程重点教材《宪法学》也持五权说，参见《宪法学》编写组：《宪法学》，高等教育出版社、人民出版社 2011 年版，第 231 页；四权说（批评权、建议权、控告权、检举权），参见董和平主编：《宪法》，中国人民大学出版社 2004 年版，第 347 页；三权说（批评权、建议权、检举权），参见肖蔚云、魏定仁、宝音胡日雅克琪：《宪法学概论》，北京大学出版社 1982 年版，第 279 页；二权说（批评权、建议权），参见许崇德、胡锦光、李元起、任进、韩大元编：《宪法》，中国人民大学出版社 2007 年版，第 214 页。

② 许崇德主编：《中国宪法》，中国人民大学出版社 1989 年版，第 408 页；俞子清主编：《宪法学》，中国政法大学出版社 1999 年版，第 246、247 页；韩大元主编：《宪法学》，高等教育出版社 2006 年版，第 310 页。

③ 林来梵：《从宪法规范到规范宪法》，法律出版社 2001 年版，第 144 页。

构成整体意义上的"人民监督";可以说,没有具体的"公民监督",就没有整体性、抽象性与概括性的"人民监督"。事实上,"人民监督"一旦脱离了具体的"公民监督"就成为一句空话。因此,宪法第 41 条将抽象的"人民监督"具化为具体的"公民监督",并明确规定:"中华人民共和国公民对于任何国家机关和国家工作人员,有提出批评和建议的权利;对于任何国家机关和国家工作人员的违法失职行为,有向有关国家机关提出申诉、控告或者检举的权利,但是不得捏造或者歪曲事实进行诬告陷害。对于公民的申诉、控告或者检举,有关国家机关必须查清事实,负责处理。任何人不得压制和打击报复。由于国家机关和国家工作人员侵犯公民权利而受到损失的人,有依照法律规定取得赔偿的权利。"这些权利的规定,实质上表明我国人民是国家的主人,一切国家机关工作人员都是人民的勤务员。习近平总书记深刻指出:"一切国家机关和国家工作人员必须牢固树立人民公仆意识,把人民放在心中最高位置,保持同人民的密切关系,倾听人民的意见和建议,接受人民监督,努力为人民服务。"① 因此,"人民群众有权关心国家大事,对于任何国家机关和国家工作人员的工作有权进行监督,对于他们的缺点错误,都有权提出批评或者建议;对于他们的违法失职行为,有向有关国家机关提出控告或者检举的权利。同时,任何公民,当自己的合法权益遭到侵害的时候,有权提出申诉,并且有依法取得赔偿的权利"。② 习近平总书记在庆祝全国人民代表大会成立六十周年大会上的讲话中强调"要拓宽人民监督权力的渠道,公民对于任何国家机关和国家工作人员有提出批评和建议的权利,对于任何国家机关和国家工作人员的违法失职行为有向有关国家机关提出申诉、控告或者检举的权利"。③ 可见,公民的批评权、建议权、申诉权、控告权、检举权、取得赔偿权等都构成了公民监督权的主要内容。

公民监督权在我国宪法上的表述是一个逐步发展并完善的过程。1954 年宪法最初规定了公民的监督权,"五四宪法"第 97 条规定:"公民对于任何违法失职的国家机关工作人员,有向各级国家机关提出书面控告或者口头控告的权利。由于国家机关工作人员侵犯公民权利而受到损失的人,有取得赔偿的权利。"该规定初步确认了我国公民对国家机关及其工作人员的控告与取得

① 中央纪委、国家监委、中共中央党史和文献研究院编:《习近平关于坚持和完善党和国家监督体系论述摘编》,中央文献出版社、中国方正出版社 2022 年版,第 19 页。
② 《宪法学》编写部:《宪法学》,群众出版社 1983 年版,第 375 页。
③ 中央纪委、国家监委、中共中央党史和文献研究院编:《习近平关于坚持和完善党和国家监督体系论述摘编》,中央文献出版社、中国方正出版社 2022 年版,第 157 页。

赔偿的监督权。1975 年宪法规定的公民基本权利条文尽管只有三条，但在第 27 条第 3 款中却规定了公民的控告权这一监督权，即"公民对于任何违法失职的国家机关工作人员，有向各级国家机关提出书面控告或者口头控告的权利，任何人不得刁难、阻碍和打击报复。"1978 年宪法第 55 条在"五四宪法"和"七五宪法"基础上，增加了"申诉权"，即："公民对于任何违法失职的国家机关和企业、事业单位的工作人员，有权向各级国家机关提出控告。公民在权利受到侵害的时候，有权向各级国家机关提出申诉。对这种控告和申诉，任何人不得压制和打击报复"。1982 年现行宪法在"五四宪法"所确认的"控告权"、"取得赔偿权"和"七八宪法"确认的"申诉权"基础上，将公民监督权内容增加了"批评权"、"建议权"和"检举权"，最终构成了"六权"的公民监督权体系。公民监督权内容的丰富、充实与完善，"是宪法《总纲》关于人民民主专政的国家制度和社会主义的社会制度的原则规定的延伸。我们的国家制度和社会制度从法律上和事实上保证我国公民享有广泛的、真实的自由和权利"。①

公民监督权主要是指公民依照宪法和法律规定监督国家机关和国家工作人员活动的权利。该权利在宪法中的排序值得注意。在 1954 年宪法和 1978 年宪法中均排在公民的基本权利之后与宪法义务条款之前，这里的"基本权利"未作"消极"与"积极"基本权利之分，换言之，宪法上的这种规定意味着：第一，公民对任何违法失职的国家机关工作人员都享有控告的监督权；第二，无论是公民的消极基本权利还是积极基本权利，只要受到国家工作人员的侵犯，都有取得赔偿的权利。而 1982 年宪法则将公民监督权安置于"消极"权利之后、"积极"权利之前。公民的选举权与被选举权（第 34 条）、公民的言论、出版、集会、结社、游行、示威的自由（第 35 条）、公民宗教信仰的自由（第 36 条）、公民的人身自由不受侵犯（第 37 条）、公民的人格尊严不受侵犯（第 38 条）、公民的住宅不受侵犯（第 39 条）、公民的通信自由和通信秘密受法律的保护（第 40 条）等都属于公民消极性权利，即防御性权利，这些权利只要国家工作人员不予非法侵害或干预即可实现。因此，将公民监督权作为第 41 条放置于公民的消极权利之后，这是对新中国成立后宪法关于公民监督权排序的重新调整，这种调整意味着公民的监督权是对国家机关及其工作人员因违法失职行为而对公民消极性基本权利造成侵害而行使的一种监督权。公民的积极性基本权利如劳动权、休息权、物质

---

① 彭真：《关于中华人民共和国宪法修改草案的报告》，载《人民日报》1982 年 12 月 6 日，第 1 版。

帮助权、受教育权等虽然也具有防御性，但更多的是对国家的依赖性，即依赖于国家的积极作为才能实现。因此，公民对积极性基本权利的实现的国家义务是否构成侵权难以判断，事实上也不易判断。可见，1982 年宪法的立宪者作出这种安排具有相当的深意与科学性，并非是"立法技术不成熟的一种表现"。①

公民监督权贯穿于我国全过程人民民主之中。公民的批评权或建议权是基于公民的义务与责任向国家机关或国家工作人员提出的，具有强烈的民主监督性质；申诉、控告或检举权则是针对国家机关和国家工作人员的"违法失职行为"提出的，因而是对国家机关及其工作人员行使权力过程中的"实时"监督，换言之，只要国家机关及其公职人员行为"违法失职"，作为任何一个公民都具有向有关国家机关提出申诉、控告或检举的权利。无论批评、建议、申诉、控告或检举等监督权，都是人民当家作主权利的具体体现。而公民基于国家机关和国家工作人员的侵权行为依法享有取得赔偿的权利，实则是一种"以责任制约权力"的监督方式。总之，公民监督权作为民主监督，不仅"切实防止出现选举时漫天许诺、选举后无人过问的现象"，而且"切实防止出现人民形式上有权、实际上无权的现象"。②

二、批评权

宪法上公民的"批评权"是指公民在国家政治生活和社会生活中，有权对国家机关及其工作人员的缺点、错误提出批评意见。③ 在现代民主国家，公民对国家机关和国家工作人员的批评权是一项重要的民主监督权利，是人民主权在制度运行中的载体。人民主权或主权在民是宪法基本原则，其核心是人民与政府的关系，即人民是国家权力的主体与来源，政府的一切权力都是人民同意与授权的，政府是受人民的委托而进行管理国家，政府及其工作人员都是人民的代理人和公仆。我国宪法明确规定："中华人民共和国的一切权力属于人民。"（第 2 条第 1 款），因此"一切国家机关和国家工作人员必须依靠人民的支持，经常保持同人民的密切联系，倾听人民的意见和建议，接受人民的监督，努力为人民服务。"（宪法第 27 条第 2 款）。政府的唯一目的就是维护公共利益和促进人民的福祉。既然国家机关及其工作人员是由人民选举产生并向人民负责，是人民的公仆，因此人民对于任何国家机关及其工作

---

① 林来梵：《从宪法规范到规范宪法》，法律出版社 2001 年版，第 148 页。
② 习近平：《论坚持人民当家作主》，中央文献出版社 2021 年版，第 85 页。
③ 《宪法学》编写组：《宪法学》，高等教育出版社、人民出版社 2011 年版，第 231 页。

人员的行为进行批评，就是每一个公民行使其宪法上所规定的民主权利的应有之义。任何一个批评国家机关及其工作人员的公民，都是在行使自己作为"人民"的民主监督权。这种批评权既可以通过"来信"的方式，也可以通过"来访"或"走访"的形式。所以，宪法之所以把"批评"的权利确认为"公民的基本权利"，其目的在于监督各级国家机关及其工作人员。选举权只是选举这一特定时刻的民主权利，而选举之后，公民个人是国家管理中的被管理者，这时对国家政府的监督最直接、便利的方式就是批评权的行使，通过批评，实现宪法第 27 条第 2 款所规定的宪法义务，达致宪法监督之目的。所以，有学者提出"选举权是特定时刻的民主形式，批评权是日常时期的民主形式"① 的观点是极具合理性的。

对于公民宪法上的批评权，就字义解释而言，第 41 条未作任何限制，第一款第一句关于批评与建议权之后使用的是分号"；"，"不得捏造或者歪曲事实进行诬告陷害"显然是对公民有权提出的申诉、控告或者检举的限制。但批评权属于言论表达自由，批评权的运用有可能侵犯被批评人的人格尊严与合法权益问题，所以，按照体系解释方法，批评者应当遵守宪法第 38 条关于"公民的人格尊严不受侵犯。禁止用任何方法对公民进行侮辱、诽谤和诬告陷害"的相关义务规定以及宪法第 51 条关于"公民在行使自由和权利的时候，不得损害国家的、社会的、集体的利益和其他公民的合法的自由和权利"之一般义务规定。

从宪法第 41 条规定看，公民提出批评的对象是"任何国家机关"和"任何国家工作人员"：就"任何国家机关"而言，包括国家权力机关、行政机关、审判机关、检察机关、军事机关及其工作部门；就"任何国家工作人员"而言，包括上述各机关的领导人及普通工作人员。批评是公民宪法上的基本政治权利，而接受批评则是国家机关和国家工作人员必须承担的宪法义务。批评权是人民当家作主权的最基本前提，如果作为国家主人的人民连批评公仆的基本权利都没有的话，何谈"当家作主"？可以说，公民对于国家机关及其工作人员由于工作上的失误或过错提出如何尖锐批评皆不为过，都是公民行使其当家作主的民主权利的体现。即使不妥当的批评甚至怒骂，国家机关或国家工作人员都应当加以包容。毛泽东早在 1962 年《在扩大的中央工作会议上的讲话》中就指出："让群众讲话，哪怕是骂自己的话，也要人家讲。骂的结果，无非是自己倒台，不能做这项工作了，降到下级机关去做工作，或者调到别的地方去做工作，那又有什么不可以呢？"还说："让人讲话，天不

---

① 侯健：《诽谤罪、批评权与宪法的民主之约》，载《法制与社会发展》2011 年第 4 期。

会塌下来，自己也不会垮台。"① 习近平总书记也强调指出："对中国共产党而言，要容得下尖锐批评，做到有则改之、无则加勉。"② 通过"批评监督渠道"让人民支持和帮助我们从严治党。③ 其实，如何对待公民的批评是检验一个政府是否是法治政府、责任政府的试金石。因此，作为一个人民的政府，必须"要创造条件让人民批评政府、监督政府"。④ 习近平总书记进一步指出：我们要"始终接受人民群众批评和监督"。⑤ "积极畅通人民群众建言献策和批评监督渠道，充分发挥群众监督、舆论监督的作用"⑥。

三、建议权

宪法上的公民"建议权"是指"公民通过一定的形式向国家机关及其工作人员提出合理化建议"的权利。⑦ 这里的公民建议权是一种狭义的建议权，仅仅是针对任何国家机关和国家工作人员所提出的合理性看法、意见和建议。建议权是公民参与国家事务、经济社会文化事务权利的重要组成部分。根据宪法第 2 条关于"人民依照法律规定，通过各种途径和方式，管理国家事务，管理经济和文化事业，管理社会事务"的规定，公民如何参与国家与社会事务的民主管理？从具体实施管理活动的主体看，管理的主体自然是国家机关与国家工作人员，如果是这样，公民可以做什么？毕竟，现代的国家与社会管理不是纯粹的专业管理，它更多地涉及公共事务的管理，政府不再是一台自动售货机，公民也不是这台自动售货机的被动消费者。对于公共事务的管理，"政府应该与人民携手解决公共问题"。公民除了通过非政府组织如工会、妇联等以及基层民主与群众自治组织如村民委员会、居民委员会等参与管理国家与社会事务外，其中一个重要的路径就是向国家机关或国家工作人员就国家事务、社会经济文化事务中存在的问题提出自己的主张、看法与合理性建议。公民的意见与建议权是宪法上的公民积极自由，其对应的义务主体是国家机关和国家工作人员，换言之，一切国家机关和国家工作人员必须履行

---

① 《建国以来毛泽东文稿》第十册，中央文献出版社 1996 年版，第 18、43 页。
② 中央纪委、国家监委、中共中央党史和文献研究院编：《习近平关于坚持和完善党和国家监督体系论述摘编》，中央文献出版社、中国方正出版社 2022 年版，第 155 页。
③ 同上书，第 158 页。
④ 温家宝：《政府工作报告》（2010 年 3 月 5 日），载中共中央文献研究室编：《十七大以来重要文献选编》（中），中央文献出版社 2011 年版，第 582 页。
⑤ 中央纪委、国家监委、中共中央党史和文献研究院编：《习近平关于坚持和完善党和国家监督体系论述摘编》，中央文献出版社、中国方正出版社 2022 年版，第 12 页。
⑥ 同上书，第 15 页。
⑦ 《宪法学》编写组：《宪法学》，高等教育出版社、人民出版社 2011 年版，第 231 页。

宪法上义务，即必须"倾听人民的意见和建议，接受人民的监督，努力为人民服务"。对于公民提出的建议，有关国家机关和国家工作人员必须予以回应或反馈，不能置之不理或不管不问，任其自生自灭。譬如公民个人针对国家的法律、法规或规章向有关国家机关曾提出过若干修改或废止的建议案，迄今均未给予回应或反馈。这种做法均是对公民宪法基本权利的不尊重甚或侵犯，是对宪法第 27 条第 2 款所规定的国家机关及其工作人员宪法义务的违反。

四、申诉权

《辞海》对"申诉"的定义是："公民对有关的问题向国家机关申述意见、请求处理的行为有两种：（1）诉讼上的申诉。即当事人或其他有关公民对已发生法律效力的判决和裁定不服，依法向审判机关、检察机关提出重新处理的要求。（2）非诉讼上的申诉。如我国《宪法》规定，我国公民对于任何国家机关和国家工作人员的违法失职行为，有向有关国家机关提出申诉、控告或者检举的权利。参见'行政申诉'。"而《辞海》对"行政申诉"的定义是："当事人认为自己的权益或利益因国家行政机关违法行为或处分不当而遭受损害时，依法向原处分机关的直接上级机关提出制止违法行为、撤销或变更原处分、或赔偿损失的请求。"[①] 因此，申诉权一般是指当自己的合法权益受到国家机关及其工作人员的侵犯时，公民有权向国家机关提出申诉的权利。这种权利分为诉讼申诉权与非诉申诉权，诉讼申诉权是指公民个人认为人民法院已经发生法律效力的裁判确有错误时，依法向司法机关提出申请要求重新审查处理的权利；非诉申诉权是指公民对行政机关的决定不服，向其上级机关提出申请，要求重新处理的权利。我国1978 年宪法第 55 条关于"公民在权利受到侵害的时候，有权向各级国家机关提出申诉"的规定，就是对公民宪法上申诉权的高度概括。从申诉权的定义与权利属性看，它既是一种民主监督权，更是一种权利救济权。公民个人的合法权益受到国家机关或国家工作人员的侵害后，针对侵害事实向有关国家机关提出本身就是对国家机关及其工作人员的一种监督，这种监督由于是由利害关系人提出的，因而这种监督更明显、直接，监督效力更强；然而，这种监督又不同于第一类的批评权与建议权，申诉权提出的前提是个人的权利受到侵害，所以它直接与利益相关，权利侵害即利益受损，

---

① 辞海编辑委员会：《辞海》，上海辞书出版社 1989 年版，第 2087 页。

因而申诉的目的除了起到民主监督外，更主要的目的是获得权利的救济，实现矫正正义：当第一性法律上的实体权利受到侵害后，即引起第二性法律上的救济权利的产生，对造成权利侵害的错误司法裁判或行政决定必须予以撤销，侵权行为必须得到制止，公民个人所受到的权利损害必须予以补偿。

五、控告权

宪法上设定控告权是有其历史渊源的。1941 年的《陕甘宁边区施政纲领》第 6 条规定："除司法系统及公安机关依法执行其职务外，任何机关、部队、团体不得对任何人加以逮捕、审问或处罚，而人民则有用无论何种方式控告任何公务人员非法行为之权利"；1946 年《陕甘宁边区宪法原则》规定："人民有不论用任何方式控告失职的任何公务人员之权。"1949 年《共同纲领》第 19 条第 2 款规定："人民和人民团体有权向人民监察机关或人民司法机关控告任何国家机关和任何公务人员的违法失职行为。"新中国的第一部宪法即 1954 年宪法第 97 条将公民控告权正式确认为公民的基本权利，该条规定："公民对于任何违法失职的国家机关工作人员，有向各级国家机关提出书面控告或者口头控告的权利。"1978 年宪法第 55 条同样作了确认："公民对于任何违法失职的国家机关和企业、事业单位的工作人员，有权向各级国家机关提出控告。"1982 年宪法第 41 条最终作出了规定。从我国宪法性文件与宪法条款规定分析，提出控告权的主体是新中国成立前是人民或人民团体，新中国成立后宪法确认为"公民"；控告的对象是任何国家机关和任何公务人员；控告的具体内容是"违法失职行为"。至于"违法失职行为"侵害的对象是提出控告的公民个人还是其他公民，中华人民共和国成立后的四部宪法均未明确规定。学理上往往是把违法失职行为的侵害人与控告人视为一体，譬如有学者指出：控告权是指"公民对国家机关和国家机关工作人员的违法失职行为对自己造成损害时，有向有关国家机关进行揭发和指控的权利"，[1] 或"控告权是指公民向有关国家机关告发侵害自己的权利或利益的国家机关和国家工作人员违法失职行为的权利"。[2] 也有学者对此作出了区分：控告权"应可包括公民针对国家机关或其工作人员的各种违法或失职行为的控告权以及公民针对国家机关或其工作人员

---

① 蔡定剑：《宪法精解》，法律出版社 2004 年版，第 237 页。
② 谢鹏程：《公民的基本权利》，中国社会科学出版社 1999 年版，第 278 页。

对其个人合法权益的不法侵害的控告权这两种不同性质的权利"。① 笔者认为，这种权利区分是合乎宪法字义解释与原意解释的。按照宪法关于有权提出控告权的主体之规定，只要是公民个人针对任何国家机关或国家工作人员的"违法失职行为"提出的控告，皆属于宪法上的控告权，因而，不论国家机关及其工作人员之公务上的违法失职行为是否给提起控告的公民个人权利造成侵害；如果因公务上的违法失职行为给个人权利导致侵害行为，受侵权人当然可以提起控告；即使公务上的违法失职行为对国家的、社会的、集体的利益或其他个人的合法的权益带来了构成侵害，非具有利害关系的公民个人也有权提起控告。但《信访条例》则把"控告侵害自己合法权益的行为"的事项作为信访的范围，似乎是对宪法规定的公民控告权内容的缩减。同时，大多学者也认同了控告是针对侵害自己合法权益提出的权利的观点，像上文所提到的蔡定剑、谢鹏程等。从控告性质看，不仅仅是对公务上的违法失职行为之民主监督，更是一种权利受侵害后的权利救济，而且控告之首要功能在于权利的救济。

六、检举权

我国宪法第 41 条规定的检举权是公民的基本权利，即公民对于任何国家机关和国家工作人员的违法失职行为，有向有关国家机关提出检举的权利。在一些规范性文件中，往往是把"检举、揭发"并列，而新华词典关于"检举"的解释也是指"揭发违法犯罪者"，② 实际上是将"检举"与"揭发"字义等同。按照字义解释，宪法上的检举权，权利主体是"公民"；检举的对象是"任何国家机关和国家工作人员"；检举的内容是公务上的"违法失职行为"。上述三个基本特征其实是申诉、控告、检举的一般共性。但是，三种权利之具体指向决定了它们之间的差异："申诉"具体指向的是人民法院已经发生法律效力的错误的裁决或行政机关的错误决定，是审判机关与行政机关的违法失职行为，目的是维护当事人自己的合法权益；"控告"具体指向是对权利造成侵害的公务上的违法失职行为，强调的是权利侵害事实，一般情况下，其目的也是出于维护控告者自身的合法权益；"检举"具体指向是违法失职行为本身，至于是否构成"权利侵害"后果或已经造成权利侵害后果不构成检举的必备要件，其目的往往是出于检举人的社会正义感或维护社会公共利益

---

① 林来梵：《从宪法规范到规范宪法》，法律出版社 2001 年版，第 147 页。

② 《新华词典》，商务印书馆 2003 年版，第 475 页。

而与自身利益无关。法律文本上所使用的"检举"概念后来逐渐为"举报"概念所取代。① 检举权是公民宪法上的基本权利，公民通过行使检举权，起到对国家机关和国家工作人员的监督作用。因而，检举权之功能在于实现公民对国家公权力的民主监督。

七、取得赔偿权

宪法第 41 条关于取得赔偿权规定得非常明确，即"由于国家机关和国家工作人员侵犯公民权利而受到损失的人，有依照法律规定取得赔偿的权利"。公民取得赔偿权是由 1954 年宪法第 97 条确立的，该条规定："由于国家机关工作人员侵犯公民权利而受到损失的人，有取得赔偿的权利。"该权利在 1975 年与 1978 年两次修改宪法时均被取消，到了 1982 年修改宪法时才重新确认。这一规定，"有利于促进国家机关和国家工作人员克服官僚主义，改进工作作风；有利于及时纠正工作中出现的违法现象，从而保证了公民的合法权利不受侵害"。② 严格说，一般意义上的取得赔偿权如公民之间的民事赔偿或刑事赔偿等不具有法律监督的性质，但是针对国家机关和国家工作人员在履行职务中侵犯公民权利而受到损害的人，依照法律规定所享有的取得赔偿权却具有监督功能。因为，这种监督是由利益直接受损者对具体国家行为的监督，通过由国家机关承担其赔偿责任而制约公权力之滥用或擅为，亦可以说是一种以责任制约权力的有效形式。1986 年《民法通则》第 121 条针对职务侵权作出了明确规定："国家机关或者国家机关工作人员在执行职务中，侵犯公民、法人的合法权益造成损害的，应当承担民事责任。"《国家赔偿法》第 2 条明确规定："国家机关和国家机关工作人员行使职权，有本法规定的侵犯公民、法人和其他组织合法权益的情形，造成损害的，受害人有依照本法取得国家赔偿的权利。"该法分别就行政赔偿、刑事赔偿的赔偿范围、赔偿请求人和赔偿义务机关、赔偿程序、赔偿方式和计算标准等作出了具体明确规定。因此，宪法第 41 条中规定"依据法律规定"取得赔偿权，实指依照《国家赔偿法》等具体法律获得的实际赔偿。

---

① 我国 1979 年《刑事诉讼法》第 59 条规定了"检举"权，而 1996 年修改后的《刑事诉讼法》则将"检举"改为"举报"，即第 84 条规定"任何单位和个人发现有犯罪事实或者犯罪嫌疑人，有权利也有义务向公安机关、人民检察院或者人民法院报案或者举报"。而 1997 年修改后的《刑法》第 254 条同样使用了"举报人"。此外，由最高人民检察院制定的《关于保护公民举报权利的规定》《奖励举报有功人员暂行办法》《人民检察院举报工作规定》等均使用了"举报"概念。

② 蔡定剑：《宪法精解》，法律出版社 2004 年版，第 238 页。

第七章　结　语

通过本书前六章对全过程人民民主的宪法表达分析，笔者认为，全过程人民民主作为一种政治命题与政治理念，重要的是须转化为宪法上的权利才能真正实施并实现。宪法作为具有最高法律效力的国家的根本法，围绕全过程人民民主制度，从人民当家作主的理念、原则、制度到公民的选举权、参与权、表达权、监督权等都作了全面的规定。事实上，我国宪法关于全过程人民民主的权利表达就是对全过程人民民主思想的最好诠释。习近平总书记指出："我国全过程人民民主不仅有完整的制度程序，而且有完整的参与实践。我国全过程人民民主实现了过程民主和成果民主、程序民主和实质民主、直接民主和间接民主、人民民主和国家意志相统一，是全链条、全方位、全覆盖的民主，是最广泛、最真实、最管用的民主。"① 而宪法作为全过程人民民主的文本载体与制度载体，是实现全过程人民民主最根本、最有效、最可靠的保证。全过程人民民主在宪法中既有完整的权利制度体系，也有完整的民主参与权利的程序实施机制。因此，只有全面贯彻实施宪法，健全保证宪法全面实施的制度体系，才能保证全过程人民民主的真正实现。正如习近平总书记所说："只要我们切实尊重和有效实施宪法，人民当家作主就有保证，党和国家事业就能顺利发展。反之，如果宪法受到漠视、削弱甚至破坏，人民权利和自由就无法保证，党和国家事业就会遭受挫折。"②

---

① 习近平：《论坚持人民当家作主》，中央文献出版社 2021 年版，第 336—337 页。
② 习近平：《论坚持全面依法治国》，中央文献出版社 2020 年版，第 9 页。

参考文献

一、马克思主义经典文献与中央文件

1. 《马克思恩格斯选集》第 2 卷,人民出版社 1972 年版。

2. 《马克思恩格斯选集》第 3 卷,人民出版社 2002 年版。

3. 《列宁、毛泽东、邓小平论民主集中制》,中国方正出版社 2003 年版。

4. 《列宁全集》第 4 卷,人民出版社 1984 年版。

5. 《列宁全集》第 6 卷,人民出版社 1986 年版。

6. 《列宁全集》第 7 卷,人民出版社 1986 年版。

7. 《列宁全集》第 8 卷,人民出版社 1986 年版。

8. 《列宁全集》第 9 卷,人民出版社 1987 年版。

9. 《列宁全集》第 11 卷,人民出版社 1987 年版。

10. 《列宁全集》第 25 卷,人民出版社 1988 年版。

11. 《列宁全集》第 39 卷,人民出版社 1986 年版。

12. 《列宁文稿》第 1 卷,人民出版社 1977 年版。

13. 《列宁选集》第 1 卷,人民出版社 1995 年版。

14. 《列宁选集》第 3 卷,人民出版社 1995 年版。

15. 《毛泽东年谱(1949—1976)》第 2 卷,中共中央文献研究室编:中央文献出版社 2013 年版。

16. 《毛泽东文集》第 1 卷,人民出版社 1993 年版。

17. 《毛泽东文集》第 5 卷,人民出版社 1996 年版。

18. 《毛泽东选集》第 1 卷,人民出版社 1991 年版。

19. 《毛泽东选集》第 2 卷,人民出版社 1991 年版。

20. 《毛泽东选集》第 3 卷,人民出版社 1991 年版。

21. 《毛泽东选集》第 4 卷,人民出版社 1991 年版。

22. 《毛泽东早期文稿》(1912.6—1920.11),湖南出版社 1990 年版。

23. 《刘少奇选集》上卷,人民出版社 1981 年版。

24. 《邓小平文选》第 1 卷,人民出版社 1994 年版。

25. 《邓小平文选》第 2 卷，人民出版社 1994 年版。

26. 习近平：《谱写新时代中国宪法实践新篇章——纪念现行宪法公布施行 40 周年》，载《光明日报》2022 年 12 月 20 日。

27. 习近平：《坚持和完善人民代表大会制度　不断发展全过程人民民主》，载《人大建设》2021 年第 11 期。

28. 习近平：《在中央人大工作会议上的讲话》，载《当代党员》2022 年第 6 期。

29. 习近平：《论坚持全面依法治国》，中央文献出版社 2020 年版。

30. 习近平：《论坚持人民当家作主》，中央文献出版社 2021 年版。

31. 习近平：《论中国共产党历史》，中央文献出版社 2021 年版。

32. 习近平：《习近平谈治国理政》第 4 卷，外文出版社 2022 年版。

33. 习近平：《高举中国特色社会主义伟大旗帜，为全面建设社会主义现代化国家而团结奋斗——在中国共产党第二十次全国代表大会上的报告》，人民出版社 2022 年版。

34. 《习近平关于"不忘初心、牢记使命"论述摘编》，党建读物出版社、中央文献出版社 2019 年版。

35. 《习近平新时代中国特色社会主义思想学习问答》，中共中央宣传部：学习出版社、人民出版社 2021 年版。

36. 《中共中央关于加强党的建设的几个重大问题的决定》，人民出版社 1994 年版。

37. 《中共中央关于加强社会主义协商民主建设的意见》。

38. 《中共中央文件选集》第 1 册，中共中央党校出版社 1982 年版。

39. 《中共中央文件选集》第 3 册，中共中央党校出版社 1982 年版。

40. 《中国共产党第十九次全国代表大会文件汇编》，人民出版社 2017 年版。

41. 《中华人民共和国制宪修宪重要文献资料选编》，全国人大常委会法制工作委员会宪法室编，中国民主法制出版社 2021 年版。

42. 《中央党内法规和规范性文件汇编》下册，中共中央办公厅法规局编：法律出版社 2017 年版。

43. 《十六大以来重要文献选编》（下），中央文献出版社 2008 年版。

44. 《董必武政治法律文集》，法律出版社 1986 年版。

二、中文译著文献

1. ［德］伯恩·魏德士：《法理学》，丁晓春、吴越译，法律出版社 2003

年版。

2. ［德］黑格尔：《哲学史讲演录》第 4 卷，贺麟、王太庆译，商务印书馆 1978 年版。

3. ［德］卡尔．施密特：《宪法学说》，刘锋译，上海人民出版社 2005 年版。

4. ［德］卡尔·拉伦茨：《法学方法论》，陈爱娥译，商务印书馆 2003 年版。

5. ［德］拉德布鲁赫：《法学导论》，米健、朱林译，中国大百科全书出版社 1997 年版。

6. ［法］莱昂·狄骥：《宪法学教程》，王文利等译，辽海出版社、春风文艺出版社 1999 年版。

7. ［法］卢梭：《社会契约论》，何兆武译，商务印书馆 1980 年版。

8. ［法］孟德斯鸠：《论法的精神》上册，张雁深译，商务印书馆 1961 年版。

9. ［法］皮埃尔·罗桑瓦龙：《公民的加冕礼：法国普选史》，吕一民译，上海人民出版社 2005 年版。

10. ［加］A. 布莱顿等：《理解民主——经济的与政治的视角》，毛丹等译，学林出版社 2000 年版。

11. ［美］埃德加·斯诺：《红星照耀中国》，河北人民出版社 1992 年版。

12. ［美］达尔：《现代政治分析》，上海译文出版社 1987 年版。

13. ［美］戴维·米勒、韦农·波格丹诺：《布莱克维尔政治学百科全书》，邓正来译，中国政法大学出版社 1992 年版。

14. ［美］弗朗西斯·福山：《历史的终结与最后的人》，陈高华译，广西师范大学出版社 2014 年版。

15. ［美］汉密尔顿、杰伊、麦迪逊：《联邦党人文集》，程逢如等译，商务印书馆 1980 年版。

16. ［美］罗斯科·庞德：《法律史解释》，曹玉堂、杨知译，华夏出版社 1989 年版。

17. ［美］潘恩：《潘恩选集》，马清槐等译，商务印书馆 1981 年版。

18. ［美］塞拉·本哈比：《民主与差异：挑战政治的边界》，黄相怀等译，中央编译出版社 2009 年版。

19. ［美］塞缪尔·P. 享廷顿：《变化社会中的政治秩序》，李盛平译，华夏出版社 1988 年版。

20. ［美］亚历山大·米克尔约翰：《表达自由的法律限度》，侯健译，贵州人民出版社 2003 年版。

21. ［美］詹姆斯·安修：《美国宪法解释与判例》，黎建飞译，中国政法大学出版社 1994 年版。

22. ［美］詹姆斯·博曼：《公共协商：多元主义、复杂性与民主》，黄相怀译，中央编译出版社 2006 年版。

23. ［美］詹姆斯·菲什金、［英］彼得·拉斯莱特主编：《审议民主论争》，张晓敏译，中央编译出版社 2009 年版。

24. ［美］詹姆斯·博曼、威廉·雷吉主编：《协商民主：论理性与政治》，陈家刚等译，中央编译局 2006 年版。

25. ［南非］毛里西奥·帕瑟林·登特里维斯主编：《作为公共审议的民主：新视角》，王英津译，中央编译出版社 2006 年版。

26. ［日］芦部信喜：《现代人权论·违宪判断的基准》，日本有斐阁 1987 年版。

27. ［日］野村浩一：《毛泽东——人类智慧的遗产》，张惠才、张占斌译，时代文艺出版社 1993 年版。

28. ［意］萨尔沃·马斯泰罗内：《欧洲民主史》，黄华光译，社会科学文献出版社 1994 年版。

29. ［英］J. S. 密尔：《代议制政府》，汪瑄译，商务印书馆 1982 年版。

30. ［英］霍布斯：《利维坦》，黎思复、黎廷弼译，商务印书馆 1985 年版。

31. ［英］洛克：《政府论》下篇，叶启芳、翟菊农译，商务印书馆 1964 年版。

32. ［英国］密尔：《代议制政府》，商务印书馆 1982 年版。

三、中文著作

1. 蔡定剑：《宪法精解》，法律出版社 2004 年版。

2. 陈家刚选编：《协商民主》，上海三联书店 2004 年版。

3. 陈瑞洪：《制宪权与根本法》，中国法制出版社 2010 年版。

4. 董和平主编：《宪法》，中国人民大学出版社 2004 年版。

5. 范进学：《法律原意主义解释方法论》，法律出版社 2018 年版。

6. 范进学等：《民主集中制宪法原则》，东方出版中心 2011 年版。

7. 顾建键等：《民主集中制建设论析》，上海交通大学出版社 2000 年版。

8. 韩大元、王建学：《基本权利与宪法判例》，中国人民大学出版社 2013

年版。

9. 韩大元：《1954 年宪法与新中国宪政》，湖南人民出版社 2004 年版。

10. 韩大元主编：《宪法学》，高等教育出版社 2006 年版。

11. 韩冬梅、杨国军、叶明主编：《人民政协与协商民主》，中央文献出版社 2015 年版。

12. 韩冬梅：《西方协商民主理论研究》，中国社会科学出版社 2008 年版。

13. 何华辉：《比较宪法学》，武汉大学出版社 1988 年版。

14. 胡锦光、韩大元：《中国宪法》，法律出版社 2004 年版。

15. 黄炎培：《延安归来》，文史资料出版社 1987 年版。

16. 李君如：《协商民主在中国》，人民出版社 2014 年版。

17. 李艳芳：《公众参与环境影响评价机制研究》，中国人民大学出版社 2004 年版。

18. 林纪东：《比较宪法》，五南图书出版公司 1975 年版。

19. 林来梵：《从宪法规范到规范宪法》，法律出版社 2001 年版。

20. 刘茂林：《中国宪法导论》，北京大学出版社 2009 年版。

21. 刘松山：《运行中的宪法》，中国民主法制出版社 2008 年版。

22. 瞿秋白：《瞿秋白论文集》，重庆出版社 1995 年版。

23. 谈火生编：《审议民主》，江苏人民出版社 2007 年版。

24. 汪晖、陈燕谷主编：《文化与公共性》，生活·读书·新知三联书店 1998 年版。

25. 王韶光主编：《选主批判：对当代西方民主的反思》，北京大学出版社 2014 年版。

26. 王巍、牛美丽主编：《公民参与》，中国人民大学出版社 2009 年版。

27. 吴家麟主编：《宪法学》，群众出版社 1983 年版。

28. 肖蔚云、魏定仁、宝音胡日雅克琪：《宪法学概论》，北京大学出版社 1982 年版。

29. 肖蔚云：《我国现行宪法的诞生》，北京大学出版社 1986 年版。

30. 徐显明：《公民权利义务通论》，群众出版社 1991 年版。

31. 许崇德、胡锦光、李元起、任进、韩大元编：《宪法》，中国人民大学出版社 2007 年版。

32. 许崇德：《中华人民共和国宪法史》（上卷），福建人民出版社 2005 年版。

33. 许崇德：《中华人民共和国宪法史》（下卷），福建人民出版社 2005 年版。

34. 许崇德主编：《中国宪法》，中国人民大学出版社 1996 年版。

35. 叶卫平：《西方"列宁学"研究》，中国人民大学出版社 1991 年版。

36. 俞子清主编：《宪法学》，中国政法大学出版社 1999 年版。

37. 张明澍：《中国人想要什么样民主》，社会文献出版社 2013 年版。

38. 赵忆宁：《探访美国政党政治——美国两党精英访谈》，中国人民大学出版社 2014 年版。

39. 周叶中主编：《宪法》，高等教育出版社 2005 年版。

40. 《苏联共产党历史》第 1 卷，上海人民出版社 1983 年版。

41. 《世界各国宪法》编辑委员会编译：《世界各国宪法》欧洲卷，中国检察出版社 2012 年版。

42. 《宪法学》编写组：《宪法学》，高等教育出版社、人民出版社 2011 年版。

43. 《宪法学》编写组：《宪法学》，群众出版社 1983 年版。

44. 《新华词典》，商务印书馆 2003 年版。

45. 《现代汉语词典》，商务印书馆 2005 年版。

46. 《应用汉语词典》，商务印书馆辞书研究中心编，商务印书馆 2000 年版。

四、中文学术论文

1. 林楚方：《官方学者提交中国选举状况报告》，载《南方周末》2003 年 2 月 20 日。

2. 彭真：《关于中华人民共和国宪法修改草案的报告》，载《人民日报》1982 年 12 月 6 日。

3. 王海燕：《擦亮践行全过程人民民主最响亮品牌》，载《解放日报》2021 年 9 月 24 日。

4. 信春鹰：《人民代表大会制度是实现我国全过程人民民主的重要制度载体》，载《人民日报》2021 年 11 月 15 日。

5. 陈道英：《我国民事判决中宪法言论自由条款的解释》，载《华东政法大学学报》2017 年第 1 期。

6. 陈明辉：《言论自由条款仅保障政治言论自由吗》，载《政治与法律》2016 年第 7 期。

7. 范进学：《信访行为之权利与功能分析》，载《政法论丛》2017 年第 2 期。

8. 封丽霞：《"全过程人民民主"的立法之维》，载《法学杂志》2022 年第 6 期。

9. 龚廷泰：《认真对待公民监督权》，载《法治现代化研究》2021 年第 4 期。

10. 郭春镇：《作为中国政法话语的表达权》，载《法学家》2021 年第 5 期。

11. 郭光辉、孙鑫：《上海人大：近 6000 座代表"连心桥"践行全过程人民民主》，载《中国人大》2021 年第 7 期。

12. 韩大元：《论我国现行宪法的人民民主原则》，载《中国法学》2023 年第 1 期。

13. 韩大元：《外国宪法对 1954 年宪法制定过程的影响》，载《比较法研究》2014 年第 4 期。

14. 胡玉鸿：《全过程人民民主的法理释读》，载《法律科学》2022 年第 4 期。

15. 胡玉鸿：《全过程人民民主的价值依归》，载《上海政法学院学报》2022 年第 3 期。

16. 黄晓辉：《论民主集中制的性质、内涵和实行》，载《中国特色社会主义研究》2016 年第 5 期。

17. 黄学贤、齐建东：《试论公民参与权的法律保障》，载《甘肃行政学院学报》2009 年第 5 期。

18. 姜峰：《言论的两种类型及其边界》，载《清华法学》2016 年第 1 期。

19. 李忠：《论全过程人民民主的制度化法律化》，载《西北大学学报》2022 年第 1 期。

20. 李忠夏：《全过程人民民主的理论逻辑与宪法实现》，载《当代法学》2023 年第 1 期。

21. 林尚立：《协商民主：对中国民主政治发展的一种思考》载《学术月刊》2003 年第 4 期。

22. 林彦：《全过程人民民主的法治保障》，载《东方法学》2021 年第 5 期。

23. 刘松山：《宪法文本中的公民"政治权利"——兼论刑法中的"剥夺政治权利"》，载《华东政法学院学报》2006 年第 2 期。

24. 刘怡达：《论全过程人民民主的宪法基础》，载《比较法研究》2022 年第 2 期。

25. 马岭：《我国现行〈宪法〉中的民主集中制原则》，载《云南大学学报（法学版）》2013 年第 7 期。

26. 孟凡壮：《中国宪法学言论自由观的再阐释》，载《政治与法律》2018 年第 2 期。

27. 莫纪宏：《论全过程人民民主的制度保障》，载《暨南学报（哲学社会科学版）》2022 年第 12 期。

28. 莫纪宏：《依法治国与全过程人民民主》，载《中国司法》2021 年第 8 期。

29. 莫纪宏：《在法治轨道上有序推进"全过程人民民主"》，载《中国法学（哲学社会科学版）》2022 年第 6 期。

30. 宋才发：《〈宪法〉为全过程人民民主提供法治保障》，载《河北大学学报》2021 年第 1 期。

31. 孙剑纲：《新时代全过程人民民主的人大实践》，载《中共中央党校（国家行政学院）学报》2021 年第 6 期。

32. 汪洋：《更好发挥人民代表大会制度在实现全过程人民民主中重要制度载体的作用》，载《中国人大》2022 年第 1 期。

33. 王贵秀：《民主集中制的由来与含义新探》，载《理论前沿》2002 年第 8 期。

34. 王韶光：《代表型民主与代议型民主》，载《开放时代》2014 年第 2 期。

35. 王旭：《我国宪法实施中的商谈机制：去蔽与建构》，载《中外法学》2011 年第 3 期。

36. 王月明：《公民监督权体系及其价值实现》，载《华东政法大学学报》2010 年第 3 期。

37. 肖蔚云：《新宪法对民主集中制原则的发展》，载《法学研究》1983 年第 1 期。

38. 徐会平：《中国宪法学言论自由观反思》，载《学术月刊》2016 年第 4 期。

39. 徐显明、闫国智：《言论自由的法律思考》，载《法学》1991 年第 8 期。

40. 杨海涛、李梦婷：《基层立法联系点参与立法征询工作的完善进路——以上海市嘉定工业区管理委员会为例》，载《人大研究》2021 年第 9 期。

41. 俞可平：《当代西方政治理论的热点问题》，载《理论参考》2003 年第 1 期。

42. 张世明：《审议民主解析》，载《长江论坛》2010 年第 5 期。

43. 张维炜、孙鑫：《上海："打造全过程人民民主"最佳实践地》，载

《中国人大》2021 年第 8 期。

44. 张翔：《我国国家权力配置原则的功能主义解释》，载《中外法学》2018 年第 2 期。

45. 张震：《全过程人民民主的宪法逻辑》，载《东方法学》2023 年第 4 期。

五、外文学术文献

1. Deliberative Democracy, Jon Elster (ed.), Cambridge University Press, 1998.

2. Devid Miller, Is Deliberative Democracy Unfair to Disadvantaged Groups? Democracy as Public Deliberation: New Perspectives, ed. by Maurizio Passerin D'entreves, Manchester University Press, 2002.

3. Diego Gambetta. "Claro": An Essay on Discursion Machismo, in Jon Elster (ed.), Deliberative Democracy, Cambridge University Press, 1998.

4. J. Cohen, "Deliberation and Democratic Legitimacy", The Good Policy, ed. by A. Hamlin and B. Pettit, Oxford University Press, 1989.

5. James. D. Fearon, Deliberation as discussion, in Jon Elster (ed.), Deliberative Democracy, Cambridge University Press, 1998.

6. Michael Waller, Democratic Centralism: an Historical Commentary, St. Martin's Press 1981.

7. Robert A. Dahl, After the Revolution? Yale University Press, 1970.

8. Ronald Dworkin, Is Democracy Possible Here? Princeton University Press 2005.

9. Joseph M. Bessette, "Deliberative Democracy: The Majority Principle in Republican Government", How Democratic is the Constitution? Ed, Robert A. Goldwin and William A. Schambra (Washington: AEI, 1980).

10. Owen M. Fiss, Two Constitutions, 11 Yale Journal of International Law 492, 493 (Spring 1986).

11. Phillip Johnston, Bad Laws: An explosive analysis of Britain's petty rules, health and safety lunacies and madcap laws, Constable & Robinson Ltd, 2010.

12. Stephen C. Angle, Decent Democratic Centralism, Political Theory, Vol. 33, No. 4 (Aug., 2005).

13. Virginia State Board of Pharmacyv. Virginia Citizens Consumer Council, 425 U. S. 748 [1976].

后 记

　　本书的选题与出版实属偶然。自习近平总书记在 2019 年考察上海市长宁区虹桥街道基层立法联系点时首次提出"全过程人民民主"的概念以来，围绕"全过程人民民主"的学术研究一直成为学术界研究的核心主题。无独有偶，任喜荣教授受《荆楚法学》杂志之邀，邀请笔者写一篇关于全过程人民民主的文章，笔者在喜荣教授的鼓励下，撰写了《全过程人民民主的宪法表达》一文，发表在《荆楚法学》2022 年第 6 期上，论文的基本观点认为，全过程人民民主的实质是实现人民当家作主的宪法权利，"全过程人民民主"在宪法文本中具有完整的确认，宪法作为国家根本法，从制度载体、理念、原则到选举权、参与权、表达权、监督权等对全过程人民民主作了系统、全面的表达。全过程人民民主在宪法中既有完整的权利制度体系，也有完整的民主参与权利的程序实施机制。因此，宪法作为全过程人民民主的基本制度载体，是实现全过程人民民主最根本、最有效、最可靠的保证。只有全面贯彻实施宪法，才能保证全过程人民民主的真正实现。

　　文章发表后，中国民主法制出版社编辑周冠宇与我联系，认为《全过程人民民主的宪法表达》这一选题非常好，建议能否以此为题，扩展成一本书。我欣然同意周编辑的建议。然而，这半年，事情特别繁杂且多，不仅承担正常的教学与科研任务，还有常规的五月"答辩月"，又有各类学生的"毕业季"，更有疫情之后各种学术会议，因而常常处于应接不暇的状态。好在功夫不负于我，经过近 6 个月陆陆续续地思考并撰写，总算在约定的 6 月底完稿。古人云：文章千古事，得失寸心知。笔者不求"千古事"，但却深知写东西不易，书中缺点在所难免，还望大家批评指正。

在即交"作业"之际，由衷地感谢编辑的邀稿与大力支持，没有伯乐周编之厚爱，就没有今日之书作。同时，一并感谢中国民主法制出版社以及《荆楚法学》杂志，感谢任喜荣教授与秦小建教授的一贯支持！祝愿所有人一生平安！

此时此刻，凑了四句话以记录和表达自己的心迹：

闵原幽居一江清，繁花悄落草木青。

壮心不与岁俱老，捲帘望空月满庭。

范进学

2023 年 7 月 1 日于闵原